Andreas Dripke

IBM PC und Kompatible
Programmierbegleiter

Andreas Dripke

IBM PC
und
Kompatible
Programmierbegleiter

BIOS

DOS

Grafik

Floppy

Festplatte

Tastatur

Springer Fachmedien Wiesbaden GmbH

Umschlaggestaltung: Ludwig Markgraf, Wiesbaden
Satz: Vieweg, Braunschweig

ISBN 978-3-528-04550-0   ISBN 978-3-663-15924-7 (eBook)
DOI 10.1007/978-3-663-15924-7

Inhaltsverzeichnis

BIOS

Interrupt	Routine	Funktion	Eingabe	Ausgabe	Gerät
5 $05	—	Ausdrucken des Bild-schirminhalts			

Der Status des Bildschirmdruckvorganges (Hardcopy) wird unter Adresse 1280 ($500) gespeichert:
0   ($00): Ausgabe korrekt
1   ($01): Bildschirmdruckoperation im Ablauf
255 ($FF): Fehler während des Hardcopy-Vorgangs

Interrupt	Routine	Funktion	Eingabe	Ausgabe	Gerät
16 $10	0 $00	Festlegung des Bild-schirmmodus	AL: Bildschirm-modus		

Die Festlegung des Bildschirmmodus erfolgt durch Werte zwischen 0 und 16 ($0A), sie ist im Kapitel Grafik beschrieben. Durch das Setzen eines Modus wird der Bildschirmspeicher gelöscht.

Interrupt	Routine	Funktion	Eingabe	Ausgabe	Gerät
16 $10	1 $01	Festlegung der Cursorgröße	CH: Anfangsraster-zeile CL: Endrasterzeile		

Die Rasterzeilen eines Zeichenfeldes sind (von oben nach unten) von 0 bis 7 (Farbgrafikadapter) bzw. von 0 bis 13 (Monochromadapter) durch-numeriert. Durch Verändern der Anfangs- und Endrasterzeile des Cursorblocks läßt sich die Cursorgröße festlegen. Die Standardwerte sind:
Farbgrafikadapter: CH: 6; CL: 7
Monochromadapter: CH: 12; CL: 13
Durch Setzen des Bits 5 in Register CH verschwindet der Cursor vom Bildschirm.

Interrupt	Routine	Funktion	Eingabe	Ausgabe	Gerät
16 $10	2 $02	Festlegung der Cursorposition	DH: Zeile CL: Spalte BH: Anzeigeseite		

Die Positionsnumerierung beginnt in der linken oberen Bildschirmecke mit den Koordinaten (0, 0). In den Grafikmodi muß BL gleich 0 sein, in den 40-Spalten-Textmodi zwischen 0 und 7 und in den 80-Spalten-Textmodi zwischen 0 und 3.

Interrupt	Routine	Funktion	Eingabe	Ausgabe	Gerät
16 $10	3 $03	Abfrage der Cursorposition	BH: Anzeigeseite	DH: Zeile DL: Spalte CH: Anfangsrasterzeile CL: Endrasterzeile	

Die Routine stellt das Gegenstück zu den BIOS-Aufrufen Int 16 ($10), Funktionen 1 und 2, dar. Die dortigen Erläuterungen gelten analog.

Interrupt	Routine	Funktion	Eingabe	Ausgabe	Gerät
16 $10	4 $04	Abfrage der Licht- griffelpositon		AH: Auslösesignal (1: ausgelöst) BX: Pixelspalte CH: Pixelzeile DH: Zeichenzeile DL: Zeichenspalte	

Die Überwachung des Pixels, auf dem der Lichtgriffel zum Auslösezeitpunkt steht, obliegt der Hardware. Die Position wird sowohl pixel- als auch zeichenweise gemeldet, wobei für die Pixelspalte BX als 2-byte-Register benötigt wird (Wert über 255).

Interrupt	Routine	Funktion	Eingabe	Ausgabe	Gerät
16 $10	5 $05	Festlegung der aktiven Bildschirmseite	AL: Seitennummer		

Mit der Routine wird die aktive Anzeigeseite in Textmodi festgelegt. Die Seitennummer kann zwischen 0 und 3 (80-Spalten-Modi) bzw. 0 und 7 (40-Spalten-Modi) liegen.

Interrupt	Routine	Funktion	Eingabe	Ausgabe	Gerät
16 $10	5 $05	Abfrage des Anzeige- seitenregisters	AL: 128 ($80)	BH: Bildschirmseiten- register BL: CPU-Anzeigeseiten- register	

Im Kapitel Grafik wird die Verwaltung der Bildschirmseiten erläutert.

Interrupt	Routine	Funktion	Eingabe	Ausgabe	Gerät
16 $10	5 $05	Einstellung des CPU- Anzeigeseiten- registers	AL: 81 BL: CPU-Seiten- register	BH: Bildschirmseiten- register BL: CPU-Seitenregister	

Im Kapitel Grafik wird die Verwaltung der Bildschirmseiten erläutert.

Interrupt	Routine	Funktion	Eingabe	Ausgabe	Gerät
16 $10	5 $05	Einstellung des Bild- schirmseitenregisters	AL: 82 BH: Bildschirmseiten- register	BH: Bildschirmseiten- register BL: CPU-Seitenregister	

Im Kapitel Grafik wird die Verwaltung der Bildschirmseiten erläutert.

Interrupt	Routine	Funktion	Eingabe	Ausgabe	Gerät
16 $10	5 $05	Einstellung beider Seitenregister	AL: 83 BH: Bildschirmseiten- register BL: CPU-Seitenregister	BH: Bildschirmseiten- register BL: CPU-Seitenregister	

 Die Verwaltung der Bildschirmseiten wird im Kapitel Grafik erläutert.

4

Interrupt	Routine	Funktion	Eingabe	Ausgabe	Gerät
16 $10	6 $06	Fenster nach oben rollen	AL: Anzahl der zu rollenden Zeilen BH: Anzeigeattribut der Leerzeile CH: obere Zeile CL: linke Spalte DH: untere Zeile DL: rechte Spalte		

Die Routine schiebt die Zeilen eines rechteckigen Bildschirmausschnittes nach oben weg und fügt unten Leerzeilen hinzu.

Interrupt	Routine	Funktion	Eingabe	Ausgabe	Gerät
16 $10	7 $07	Fenster nach unten rollen	AL: Anzahl der zu rollenden Zeilen BH: Anzeigeattribut der Leerzeile CH: obere Zeile CL: linke Spalte DH: untere Zeile DL: rechte Spalte		

Die Routine schiebt die Zeilen eines rechteckigen Bildschirmausschnittes nach unten weg und fügt oben Leerzeilen hinzu.

Interrupt	Routine	Funktion	Eingabe	Ausgabe	Gerät
16 $10	8 $08	Abfrage von Zeichen und Attribut an der Cursorposition	BH: Anzeigeseite	AH: Zeichen AL: Attribut	

Es wird sowohl im Text- als auch im Grafikmodus direkt aus dem Bildschirmspeicher gelesen.

Interrupt	Routine	Funktion	Eingabe	Ausgabe	Gerät
16 $10	9 $09	Festlegung von Zeichen und Attribut an der Cursorposition	AL: Zeichen BH: Anzeigeseite BL: Attribut bzw. Farbe CX: Anzahl der Zeichen		

Die Routine schreibt die in CX festgelegte Anzahl identischer Zeichen (ASCII-Code in AL) ab der gegenwärtigen Cursorposition auf den Bildschirm. Der Cursor wird nicht mitbewegt. In den Textmodi muß die Anzeigeseite in BH spezifiziert sein.

Interrupt	Routine	Funktion	Eingabe	Ausgabe	Gerät
16 $10	10 $0A	Zeichenfestlegung an der Cursorposition	AL: Zeichen BH: Anzeigeseite BL: Farbe (in den Grafikmodi) CX: Anzahl		

Interrupt	Routine	Funktion	Eingabe	Ausgabe	Gerät
		Die Routine arbeitet ähnlich wie der BIOS-Aufruf Int 16 ($10), Funktion 9, erlaubt jedoch in den Textmodi keine Veränderung der Anzeigeattribute.			
16 $10	11 $0B	Festlegung der Farbpalette	BH: Farbpalettenwert BL: Palettenauswahl		
		Die Funktion dient der Auswahl der aktuellen Farbpalette. Näheres finden Sie im Kapitel Grafik.			
16 $10	12 $0C	Setzen eines Pixels	AL: Farbe CX: Pixelspalte DL: Pixelzeile		
		An der im Grafikkoordinatenraster spezifizierten Position wird ein Pixel an mit der in AL festgelegten Farbe (0 bis 15) gesetzt.			
16 $10	13 $0D	Abfrage eines Pixels	CX: Pixelspalte DL: Pixelzeile	AL: Farbe	
		Die Routine liefert den Farbcode (0 bis 15) des durch CX und DL festgelegten Pixels.			
16 $10	14 $0E	Ausgabe eines TTY-Zeichens	AL: Zeichen BH: Anzeigeseite BL: Farbe		
		Das in AL spezifizierte Zeichen wird in der in BL festgelegten Vordergrundfarbe (nur in den Grafikmodi) an der aktuellen Cursorposition auf dem Bildschirm ausgegeben. Der Cursor bewegt sich mit dem Schreibvorgang. Die ASCII-Codes 7 (Beep), 8 (Backspace), 10 (Linefeed) und 13 (Carriage Return) werden interpretiert, alle anderen Zeichen dargestellt.			
16 $10	15 $0F	Abfrage des Bildschirmmodus	AH: Zeichen pro Zeile AL: Bildschirmmodus BH: Anzeigeseite		
		Neben dem aktiven Bildschirmmodus werden die Darstellungsbreite (20, 40 oder 80 Zeichen pro Zeile) und die Nummer der aktiven Anzeigeseite gemeldet.			
16 $10	19 $13	Ausgabe eines Strings	AL: Unterfunktionscode (0—3) BH: Anzeigeseite BL: Attribut		AT

Interrupt	Routine	Funktion	Eingabe	Ausgabe	Gerät
			CX: Stringlänge		
			DX: Anfangsposition auf dem Bildschirm		
			ES:BP: Zeiger auf den Stringanfang		

Unter Int 16 ($10), Funktion 19 ($13), stehen vier Unterfunktionen zur Verfügung, die mit den Codes 0 bis 3 in Register AL angewählt werden. Jede Routine gibt einen String auf dem Bildschirm aus, wobei zwischen den Unterfunktionen folgende Differenzen bestehen:

Unterfunktion	Erläuterung
0	Attribut für alle Zeichen, ohne Cursorbewegung
1	Attribut für alle Zeichen, mit Cursorbewegung
2	Attribut für ein Zeichen, ohne Cursorbewegung
3	Attribut für ein Zeichen, mit Cursorbewegung

Bei den Routinen 0 und 1 besitzen alle Stringzeichen das gleiche (in BL festgelegte) Attribut, der String beinhaltet die ASCII-Zeichen in fortlaufender Reihenfolge. Bei den Unterfunktionen 2 und 3 läßt sich für jedes Zeichen ein gesondertes Attribut festlegen; der String enthält abwechselnd ASCII-Zeichen und Attributbytes.

Interrupt	Routine	Funktion	Eingabe	Ausgabe	Gerät
17 $11		Meldung der Ausstattung		AX: Ausstattungsstatus	

Beim Hochstarten des Computers überprüft das Gerät die vorhandene Ausstattung und legt die Informationen kodiert in den Speicherzellen 1040 und 1041 ($410/420) ab. Mit der Routine läßt sich die bitkodierte Statusmeldung in Register AX holen:

Bit ... gesetzt	Erläuterung
0	Laufwerk
1	Arithmetik-Coprozessor
Bits 2 und 3	Bitkodierung der RAM-Kapazität auf der Hauptplatine in 16-Kbyte-Blöcken
Bits 4 und 5	Bitkodierung des Anfangsbildschirmmodus:
	00: unbenutzt
	01: 25 x 40 Zeichen in Farbe
	10: 25 x 80 Zeichen in Farbe
	11: 25 x 80 Zeichen monochrom
Bits 6 und 7	Bitkodierung: Anzahl der Laufwerke

Interrupt	Routine	Funktion	Eingabe	Ausgabe	Gerät
8		DMA-Betrieb möglich: 0: ja; 1: nein			
Bits 9, 10 und 11		Bitkodierung: Anzahl der RS-232-Karten			
12		Spielanschluß (beim AT unbenutzt)			
13		Serieller Drucker			
Bits 14 und 15		Bitkodierung: Anzahl der Drucker			
18 $12	—	Abfrage der Speicher- kapazität		AX: RAM-Speicher- kapazität in Kbyte	

Die Routine stellt eine Ergänzung zu Int 17 ($11) dar. Sie liest den beim Hochstarten des Computers in den Speicherzellen 1043 und 1044 ($413/414) gespeicherten Wert.

Interrupt	Routine	Funktion	Eingabe	Ausgabe	Gerät
19 $13	0 $00	Laufwerk-Reset			

Controller und Laufwerk werden in den Einschaltzustand zurückgesetzt.

Interrupt	Routine	Funktion	Eingabe	Ausgabe	Gerät
19 $13	1 $01	Abfrage des Lauf- werkstatus		AL: Statuscode	

Die Kodierung:

Code	(Wert)	Erläuterung
1	$01	Ungültiges Controller-Kommando
2	$02	Sektorkennung ungültig oder unauffindbar
3	$03	Versuch des Schreibens auf eine schreibgeschützte Diskette
4	$04	Sektor ist unauffindbar
6	$06	Diskette entfernt
8	$08	DMA-Fehler
9	$09	Überschreiten der DMA-Grenze von 64 Kbyte
16	$10	Fehler bei der CRC-Prüfung
32	$20	Fehler im Controller
64	$40	Anfahren der Spur ist unmöglich
128	$80	Time-out-Fehler

Interrupt	Routine	Funktion	Eingabe	Ausgabe	Gerät
19 $13	2 $02	Sektoren lesen	AL: Anzahl der Sektoren CH: Spurnummer CL: Sektornummer DH: Kopfnummer (0 oder 1) DL: Laufwerknummer (1 entspricht A usw.) ES:BX: Zeiger auf Puffer	AH: Statuscode AL: Anzahl gelesener Sektoren	

Die zu lesenden Sektoren müssen in einer Spur und auf einer Seite liegen. Bei einem Fehler wird die Carry-Flag auf 1 gesetzt und AH enthält einen Fehlercode, der Int 19 ($13), Funktion 1, entspricht.

Interrupt	Routine	Funktion	Eingabe	Ausgabe	Gerät
19 $13	3 $03	Sektoren schreiben	AL: Anzahl der Sektoren CH: Spurnummer CL: Sektornummer DH: Kopfnummer (0 oder 1) DL: Laufwerknummer (1 entspricht A usw.) ES:BX: Zeiger auf Puffer	AH: Statuscode AL: Anzahl geschriebener Sektoren	

Die Routine schreibt in einen oder in mehrere Sektoren. Die Anmerkungen zu Int 19 ($13), Funktion 2 (Sektoren Lesen), gelten analog.

Interrupt	Routine	Funktion	Eingabe	Ausgabe	Gerät
19 $13	4 $04	Sektoren verifizieren	AL: Anzahl der Sektoren CH: Spurnummer CL: Sektornummer DH: Kopfnummer (0 oder 1) DL: Laufwerknummer (1 entspricht A usw.)	AH: Statuscode AL: Anzahl geprüfter Sektoren	

Interrupt	Routine	Funktion	Eingabe	Ausgabe	Gerät

Die Routine führt einen CRC-Paritätstest (Cyciical Reduncancy Check) durch. Die Anmerkungen zu Int 19 ($13), Funktion 1 (Sektoren Lesen), gelten analog.

Interrupt	Routine	Funktion	Eingabe	Ausgabe	Gerät
19 $13	5 $05	Formatieren einer Spur	AL: Anzahl der Sektoren CH: Spurnummer DH: Kopfnummer (0 oder 1) DL: Laufwerknummer (1 entspricht A usw.)	AH: Statuscode	

Die Routine formatiert eine Spur auf einer Datenträgerseite (alle Sektoren). Die Anmerkungen zu Int 19 ($13), Funktion 1 (Abfrage des Laufwerkstatus), gelten analog.

Interrupt	Routine	Funktion	Eingabe	Ausgabe	Gerät
19 $13	8 $08	Lesen der aktuellen Laufwerkparameter		AH: Statuscode CH: max. Anzahl der Spuren CL: max. Anzahl der Sektoren DH: max. Anzahl der Seiten DL: Anzahl der Laufwerke	AT

Der in Register AH zurückgegebene Statuscode entspricht dem zu Int 19 ($13), Funktion 1 (Laufwerkstatus abfragen), aufgelisteten Code.

Interrupt	Routine	Funktion	Eingabe	Ausgabe	Gerät
19 $13	9 $09	Initialisierung der Festplattenparametertabelle		AH: Statuscode	AT

Die Routine stellt die Laufwerkparametertabelle auf Festplattenstationen ein. Der Statuscode entspricht dem zu Int 19 ($13), Funktion 1 (Laufwerkstatus abfragen), aufgelisteten Code.

Interrupt	Routine	Funktion	Eingabe	Ausgabe	Gerät
19 $13	10 $0A	Lange Sektoren lesen	CH: Zylindernummer CL: Sektornummer DH: Kopfnummer DL: Laufwerknummer ES:BX: Zeiger auf Puffer	AH: Statuscode	AT

Die Routinen Int 19 ($13), Funktionen 10 ($0A) und 11 ($0B), dienen dem Lesen bzw. Schreiben langer ECC-Sektoren auf einer Festplatte.

Interrupt	Routine	Funktion	Eingabe	Ausgabe	Gerät
19 $13	11 $0B	Lange Sektoren schreiben	CH: Zylindernummer CL: Sektornummer DH: Kopfnummer DL: Laufwerknummer ES:BX: Zeiger auf Puffer	AH: Statuscode	AT

Die Routinen Int 19 ($13), Funktionen 10 ($0A) und 11 ($0B), dienen dem Lesen bzw. Schreiben langer ECC-Sektoren auf einer Festplatte. Die Statuskodierung entspricht der unter Int 19 ($13), Funktion 1 (Laufwerkstatus abfragen) beschriebenen.

Interrupt	Routine	Funktion	Eingabe	Ausgabe	Gerät
19 $13	12 $0C	Anfahren des Zylinders	CH: Zylindernummer DH: Kopfnummer DL: Laufwerknummer	AH: Statuscode	AT

Der Schreib-/Lesekopf wird an der spezifizierten Stelle positioniert. Die Statuskodierung entspricht der unter Int 19 ($13), Funktion 1 (Laufwerkstatus abfragen) beschriebenen.

Interrupt	Routine	Funktion	Eingabe	Ausgabe	Gerät
19 $13	13 $0D	Alternativer Laufwerk-Reset	DL: Laufwerknummer	AH: Statuscode	AT

Die Funktion führt für eine Festplattenstation einen Laufwerk-Reset durch. Die Statuskodierung entspricht der unter Int 19 ($13), Funktion 1 (Laufwerkstatus abfragen) beschriebenen.

Interrupt	Routine	Funktion	Eingabe	Ausgabe	Gerät
19 $13	16 $10	Laufwerk-bereit-Prüfung	DL: Laufwerknummer	AH: Statuscode	AT

Es wird überprüft, ob das Laufwerk betriebsbereit ist. Die Kodierung des Status in Register AH ist unter Int 19 ($13), Funktion 1 (Laufwerkstatus abfragen) erläutert.

Interrupt	Routine	Funktion	Eingabe	Ausgabe	Gerät
19 $13	17 $11	Laufwerk- kalibrierung	DL: Laufwerknummer	AH: Statuscode	AT

Die Routine kalibriert Festplattenlaufwerke neu. Die Statuscodes sind unter Int 19 ($13), Funktion 1 (Laufwerkstatus abfragen) aufgelistet.

Interrupt	Routine	Funktion	Eingabe	Ausgabe	Gerät
19 $13	20 $14	Controller- Diagnose		AH: Statuscode	AT

Eine interne Diagnoseroutine überprüft den Festplatten-Controller. Die Statuskodierung entspricht der unter Int 19 ($13), Funktion 1 (Laufwerkstatus abfragen) beschriebenen.

Interrupt	Routine	Funktion	Eingabe	Ausgabe	Gerät
19 $13	21 $15	Abfrage des Laufwerktyps	DL: Laufwerknummer	AH: Laufwerktyp CX:DX: Anzahl der 512-byte-Sektoren (bei AH gleich 3)	AT

Der Laufwerktyp ist in Register AH wie folgt kodiert:

0: kein Laufwerk vorhanden
1: Floppy ohne Möglichkeit zum Erkennen eines Diskettenwechsels
2: Floppy mit Möglichkeit zum Erkennen eines Diskettenwechsels
3: Festplattenstation angeschlossen

Interrupt	Routine	Funktion	Eingabe	Ausgabe	Gerät
19 $13	22 $16	Erkennen eines Diskettenwechsels		DL: Laufwerksnummer AH: Wechselstatus: 00: kein Wechsel 01: Wechsel	AT

Mit der Funktion läßt sich feststellen, ob eine Diskette ausgetauscht wurde.

Interrupt	Routine	Funktion	Eingabe	Ausgabe	Gerät
19 $13	23 $17	Festlegung des Diskettenlaufwerks	AL: Laufwerktyp		AT

Mit der Funktion wird der Typ des angeschlossenen Laufwerks festgelegt.

AL	Diskette und Laufwerk
0	nicht vorhanden
1	normal
2	hochkapazitiv

Interrupt	Routine	Funktion	Eingabe	Ausgabe	Gerät
20 $14	0 $00	Initialisierung der Parameter für den seriellen Port	DX: serieller Port AL: Parameter	AX: Status des seriellen Port	

Die Funktion initialisiert einen seriellen Port mit Hilfe von vier Parametern, die als 8-bit-Code übergeben werden. Der Code ist wie folgt aufgebaut:

Baudrate: Bits 7, 6 und 5:

Wert	Bitfolge	Baud	Wert	Bitfolge	Baud
0	000	110	4	100	1.200
1	001	150	5	101	2.400
2	010	300	6	110	4.800
3	011	600	7	111	9.600

Parität: Bits 4 und 3:

Wert	Bitfolge	Parität	Wert	Bitfolge	Parität
0	00	keine	2	10	keine
1	01	ungerade	3	11	gerade

Stop-Bits: Bit 2:

Wert	Bitfolge	Anzahl der Stopbits
0	0	Eins
1	1	Zwei

Zeichenlänge: Bits 1 und 0:

Wert	Bitfolge	Bedeutung	Wert	Bitfolge	Bedeutung
0	00	keine	2	10	7-bit-Format
1	01	keine	3	11	8-bit-Format

Den Rückgabestatus der Funktion finden Sie unter Funktion 20 ($14), Unterfunktion 3 ($03): Statusabfrage des seriellen Ports.

Interrupt	Routine	Funktion	Eingabe	Ausgabe	Gerät
20 $14	1 $01	Senden eines Zeichens	AL: Zeichen DX: Serieller Port	AH: Rückgabestatus AL: Modemstatus	

Die Funktion sendet ein Zeichen an einen seriellen Port. Der Wert 0 in Register AH zeigt an, daß die Operation erfolgreich war; ansonsten ist Bit 7 des AH-Registers gesetzt, und die restlichen Bits geben den Fehler an. Die Bedeutungen der einzelnen Bits finden Sie unter der Beschreibung der Unterfunktion 3, Statusabfrage des seriellen Ports.

Interrupt	Routine	Funktion	Eingabe	Ausgabe	Gerät
20 $14	2 $02	Empfangen eines Zeichens	DX: Serieller Port	AL: Zeichen AH: Statuscode	

Die Funktion empfängt ein Zeichen von dem in DX angegebenen Port. Es wird gewartet, bis ein Zeichen übergeben oder die Funktion anderweitig (z. B. Time-Out-Fehler) beendet wird. Die Fehlercodes sind unter der nächsten Funktion (Statusabfrage des seriellen Ports) beschrieben.

Interrupt	Routine	Funktion	Eingabe	Ausgabe	Gerät
20 $14	3 $03	Statusabfrage des seriellen Ports		AH: Statuscode	

Die Funktion zur Abfrage des Status eines seriellen Ports gibt einen Statuscode mit folgender Kodierung zurück:

In Register AH findet man den Leitungsstatus, der in dieser Art auch von den Funktionen 1 und 2 übergeben wird:

Bit	Bedeutung	Bit	Bedeutung
0	Daten bereit	4	Unterbrechungsfehler
1	Überlauffehler	5	Transfer-Halte-Register leer
2	Paritätsfehler	6	Transfer-Shift-Register leer
3	Framing-Fehler	7	Time-Out

In Register AL wird der Modemstatus übergeben:

Bit	Bedeutung	Bit	Bedeutung
0	Delta sendebereit	4	Sendebereit
1	Delta Dateiendgerät bereit	5	Dateiendgerät bereit
2	Abschließende Flanke	6	Ringkomplement
3	Delta Empfangsleitungssignal	7	Empfangsleitungssignal

Die Bedeutungen beziehen sich auf gesetzte Bits.

Zu beachten ist, daß in den ersten BIOS-Versionen der Time-Out-Fehler als Kombination „Transfer-Shift-Register leer/Unterbrechungsfehler" gemeldet wurde.

Interrupt	Routine	Funktion	Eingabe	Ausgabe	Gerät
21 $15	0 $00	Einschalten des Motors			

Die Funktion schaltet den Motor des Kassettenrecorders ein. Bei der Verwendung von Kassetten sollte in das Programm eine Pause eingearbeitet werden, damit der Recorder gestartet werden kann.

Beachten Sie, daß der Start des Kassettenrecorders im Gegensatz zum Start des Diskettenlaufwerks nicht automatisch erfolgt.

Interrupt	Routine	Funktion	Eingabe	Ausgabe	Gerät
21 $15	1 $01	Ausschalten des Motors			

Die Funktion 1 schaltet den Motor des Kassettenrecorders wieder aus, was ebenfalls keine automatische Funktion des BIOS (siehe Einschalten des Motors, Funktion 0) ist.

Interrupt	Routine	Funktion	Eingabe	Ausgabe
21 $15	2 $02	Datenblöcke lesen	CX: Anzahl der Bytes ES:BX: Zeiger auf Datenbereich	CF: Fehlerflagge DX: Anzahl gelesener Bytes ES:BX ist Zeiger auf erstes Byte nach gelesenem Bereich

Die Funktion liest einen oder mehrere Datenblöcke aus einem Recorder. Die Daten werden in standardisierten 256-Byte-Blöcken übertragen, es können aber jede beliebige Menge Daten übertragen werden. Das Zeigerpaar ES:BX ist auf den die Daten aufnehmenden Datenbereich gerichtet. Das Register AH beinhaltet den Fehlercode, wenn CF gesetzt ist:

Code	Bedeutung
1	Prüfsummenfehler
2	Daten fehlerhaft übertragen; Bitsignale nicht eindeutig
3	Keine Daten auf Band gefunden

Interrupt	Routine	Funktion	Eingabe	Ausgabe
21 $15	3 $03	Datenblöcke schreiben	CX: Anzahl der Bytes ES:BX: Zeiger auf Datenbereich	ES:BX: Zeiger auf erstes Byte nach geschriebenen Daten

Die Funktion schreibt einen oder mehrere Datenblöcke zu 256 Bytes auf Kassette. Register CX enthält die Anzahl der zu schreibenden Bytes und muß kein Vielfaches von 256 sein (der letzte Datenblock wird aufgefüllt). Hier steht kein Fehlercode bereit, da der Kassettenrecorder keine Signale zurückgeben kann. Nach Beendigung der Funktion sollten die geschriebenen Daten noch einmal gelesen werden.

Interrupt	Routine	Funktion	Eingabe	Ausgabe	Gerät
21 $15	128 $80	Schnittstelle öffnen	BX: Einheitennummer CX: Prozeßart		AT

Die Funktion bereitet die Schnittstelle auf den Zugriff auf eine periphere Einheit vor.

Interrupt	Routine	Funktion	Eingabe	Ausgabe	Gerät
21 $15	129 $81	Schnittstelle schließen	BX: Einheitennummer CX: Prozeßart		AT

Die Funktion schließt die Schnittstelle und beendet damit den Zugriff auf eine Einheit vor dem erneuten Öffnen der Schnittstelle.

Interrupt	Routine	Funktion	Eingabe	Ausgabe	Gerät
21 $15	130 $82	Programmende	BX: Einheitennummer		AT

Die Funktion beendet das Programm zur Steuerung einer Einheit.

Interrupt	Routine	Funktion	Eingabe	Ausgabe	Gerät
21 $15	131 $83	Warten auf Ereignis	AL: 0 = Interval setzen 1 = Abbruch ES:BX: Zeiger auf Speicher des aufrufenden Programmes CX,DX: Wartezeit in Mikrosekunden		AT

Die Funktion läßt das System eine vorgegebene Zeit warten.

Interrupt	Routine	Funktion	Eingabe	Ausgabe	Gerät
21 $15	132 $84	Joystick	DX: 0 = Schaltstellungen abfragen 1 = Werte abfragen	AL: Schaltstellungen Wert AX = A(x) BX = A(y) CX = B(x) DX = B(y)	AT

Die Funktion dient der Steuerung eines Joysticks. In die Register AX, BX, CX und DX werden die Koordinaten der Punkte A(x, y) und B(x, y) übergeben.

Interrupt	Routine	Funktion	Eingabe	Ausgabe	Gerät
21 $15	133 $85	SysReq-Tasten-anschlag	AL: 0 = Gedrückt 1 = Unterbrochen		AT

Die Taste SysReq ist AT-spezifisch und ist die Abkürzung für „System Request" (Systemanfrage oder Systemanforderung).

Interrupt	Routine	Funktion	Eingabe	Ausgabe	Gerät
21 $15	134 $86	Warten	CX,DX: Wartezeit in Mikrosekunden		AT

Die Funktion unterbricht das System für die angegebene Zeit.

Interrupt	Routine	Funktion	Eingabe	Ausgabe	Gerät
21 $15	135 $87	Verlagern eines Blocks	CX: Anzahl der zu verlagernden Worte ES:SI: Zeiger auf Tabelle		AT

Mit dieser Funktion wird ein Block verlagert. Das Registerpaar ES:SI zeigt dabei auf eine Tabelle. In Register CX wird die Anzahl der zu verlagernden Worte angegeben.

Interrupt	Routine	Funktion	Eingabe	Ausgabe	Gerät
21 $15	136 $88	Feststellung der erweiterten Speicher-kapazität			AT

Mit der Funktion läßt sich feststellen, ob eine Speichererweiterung installiert ist und welche Speicherkapazität zur Verfügung steht.

Interrupt	Routine	Funktion	Eingabe	Ausgabe	Gerät
21 $15	137 $89	Auf virtuellen Speicher schalten			AT

Sehen Sie vor Verwendung dieser Funktion das BIOS-Listing ein! Die Funktion schaltet auf virtuelle Speicherverwaltung um.

Interrupt	Routine	Funktion	Eingabe	Ausgabe	Gerät
21 $15	138 $90	Busy-Schleife	AL: Typcode		AT

Beachten Sie bei der Verwendung der Funktion das BIOS-Listing.

Interrupt	Routine	Funktion	Eingabe	Ausgabe	Gerät
21 $15	139 $91	Flagge setzen, Interrupt beenden	AL: Typcode		AT

Die Funktion setzt eine Flagge und beendet den aktiven Interrupt.

Beachten Sie bei der Verwendung der Funktion das BIOS-Listing.

Interrupt	Routine	Funktion	Eingabe	Ausgabe	Gerät
22 $16	0 $00	Lesen der nächsten Tastatureingabe		AH: Tastaturauswahl-code (Hilfsbyte) AL: Zeichencode (Hauptbyte)	

Die Funktion holt das nächste Zeichen aus dem Tastaturpuffer oder wartet bei leerem Puffer auf die Eingabe eines Zeichens. Ein über die Tastatur eingegebenes Zeichen wird durch zwei Bytes (Hilfs- und Hauptbyte) definiert. Das Hauptbyte (in Register AL) besitzt für Sondertasten (z. B. Funktionstasten) den Wert 0, ansonsten den ASCII-Code des eingegebenen Zeichens. Das Hilfsbyte besteht aus einem Code für Sonderzeichen oder dem Standard-Tastaturauswahlcode für ASCII-Zeichen.

Die Funktion arbeitet sowohl mit ASCII-Zeichen als auch mit Sondertasten (wie Funktionstasten).

Die Abarbeitung eines Programmes wird unterbrochen, bis ein Zeichen eingegeben wurde (für einen leeren Tastaturpuffer). Mit der Funktion 2 kann abgefragt werden, ob ein Zeichen im Puffer vorliegt.

Interrupt	Routine	Funktion	Eingabe	Ausgabe	Gerät
22 $16	1 $01	Zeichen-bereit-Meldung		ZF: Bereit-Zeichen AH: Tastenauswahlcode (Hilfsbyte) AL: Zeichencode (Hauptbyte)	

Die Funktion fragt den Tastaturpuffer lediglich auf ein eingegebenes Zeichen ab, ein bereitstehendes Zeichen muß anschließend mit der Funktion 1 (Lesen der nächsten Tastatureingabe) gelesen werden. In ZF wird gemeldet, ob ein Zeichen bereitsteht. *Achtung:* Bei ZF = 0 liegt ein Zeichen im Puffer vor, bei ZF = 1 steht kein Zeichen bereit!

Die Funktion arbeitet (im Gegensatz zur Dokumentation einiger Technischer Handbücher) mit ASCII-Zeichen und Sonderzeichen gleichermaßen.

Interrupt	Routine	Funktion	Eingabe	Ausgabe	Gerät
22 $16	2 $02	Abfrage des Umschaltstatus		AL: Status der Umschaltung	

Die Funktion 2 übergibt den Statuscode für die Umschaltmodi in Register AL; Bei gesetztem Bit sind die im folgenden aufgelisteten Modi aktiv:

Bit	Bedeutung	Bit	Bedeutung
0	rechte Umschaltung	4	Scroll-Lock
1	linke Umschaltung	5	Num-Lock
2	Crtl	6	Caps-Lock
3	Alt	7	Einfügemodus

Interrupt	Routine	Funktion	Eingabe	Ausgabe	Gerät
23 $17	0 $00	Druckerausgabe eines Zeichens	AL: Zeichen	AH: Statuscode	

Die Kodierung des Statuscodes finden Sie unter Funktion 2 (Abfrage des Druckerstatus).

Interrupt	Routine	Funktion	Eingabe	Ausgabe	Gerät
23 $17	1 $01	Initialisierung des Druckers		AH: Statuscode	

Die Kodierung des Statuscodes finden Sie unter Funktion 2 (Abfrage des Druckerstatus).

Interrupt	Routine	Funktion	Eingabe	Ausgabe	Gerät
23 $17	2 $02	Abfrage des Druckerstatus		AH: Statuscode	

Die Aufschlüsselung des in Register AH übergebenen Statuscodes finden Sie in der folgenden Tabelle:

Bit	Bedeutung	Bit	Bedeutung
0	Time-Out	4	Drucker gewählt
1	–	5	Papierzufuhr
2	–	6	Druckerbestätigung
3	Ein-/Ausgabefehler	7	Nicht beschäftigt

Interrupt	Routine	Funktion	Eingabe	Ausgabe	Gerät
24 $18	–	Aktivierung des ROM-BASIC			

Die Funktion aktiviert das ROM-BASIC. Sie wird nur selten eingesetzt.

Interrupt	Routine	Funktion	Eingabe	Ausgabe	Gerät
25 $19	–	Aktivierung der Urladerstartroutine			

Die Funktion zur Aktivierung der Urladerstartroutine wird in Verbindung mit Kopierschutzprogrammen verwendet. Das System stürzt quasi ab, wenn auf ein geschütztes Programm zugegriffen wird.

Der Aufruf der Funktion unterscheidet sich von der Verwendung der Tastenkombination Crtl-Alt-Del: Die Tastenkombination veranlaßt die Ausführung der Speichertests und führt eine Reset-Operation durch, die durch Interrupt 25 aufgerufene Funktion übergeht diese Operationen.

Interrupt	Routine	Funktion	Eingabe	Ausgabe	Gerät
26 $1A	0 $00	Lesen des Uhrzählerstandes		AL: Mitternachtssignal CX: höherwertiger Teil des Taktzählers DX: niederwertiger Teil des Taktzählers	

Interrupt	Routine	Funktion	Eingabe	Ausgabe	Gerät

Für AL gleich Null hat das Ereignis „Mitternacht" noch nicht stattgefunden. Ein Wert ungleich Null in Register AL zeigt an, daß seit dem letzten Rücksetzen (beim Lesen oder Setzen des Zählerstandes) das Ereignis Mitternacht mindestens einmal stattgefunden hat. Der Zählerstand wird an Mitternacht auf Null gesetzt und das Mitternachtssignal gesetzt.

Interrupt	Routine	Funktion	Eingabe	Ausgabe	Gerät
26 $1A	1 $01	Setzen des Uhr- zählerstandes	CX: höherwertiger Teil des Taktzählers DX: niederwertiger Teil des Taktzählers		

Mit der Funktion 1 wird der Zählerstand gesetzt und damit eine Uhrzeit festgelegt.

Interrupt	Routine	Funktion	Eingabe	Ausgabe	Gerät
26 $1A	2 $02	Lesen der Uhrzeit		CH: Stunden CL: Minuten DH: Sekunden	AT

Die Funktion liest die Uhrzeit und übergibt die Werte für Stunden, Minuten und Sekunden in die Register CH, CL und DH.

Interrupt	Routine	Funktion	Eingabe	Ausgabe	Gerät
26 $1A	3 $03	Einstellen der Uhrzeit	CH: Stunden CL: Minuten DH: Sekunden DL: 0 für Standardzeit		AT

Funktion 3 ist das Gegenstück zu Funktion 2. Mit der Funktion läßt sich eine Uhrzeit einstellen. In die Register CH, CL und DH werden die Werte für Stunden, Minuten und Sekunden übergeben; und Register DL enthält einen Zeitcode (z. B. Standardzeit).

Interrupt	Routine	Funktion	Eingabe	Ausgabe	Gerät
26 $1A	4 $04	Lesen des Datums		DL: Tag DH: Monat CL: Jahr CH: Jahrhundert (19/20)	AT

Die Funktion liest das Datum von der Systemuhr. In die Register DL, DH, CL und CH werden Tag, Monat, Jahr und Jahrhundert übergeben.

Interrupt	Routine	Funktion	Eingabe	Ausgabe	Gerät
26 $1A	5 $05	Einstellen des Datums	DL: Tag DH: Monat CL: Jahr CH: Jahrhundert (19/20)		AT

Funktion 5 ist das Gegenstück zu Funktion 4. Mit der Funktion kann das Datum eingestellt werden.

| 26 $1A | 6 $06 | Einstellen der Alarmzeit | CH: Stunden
CL: Minuten
DH: Sekunden | AT |

Mit der Funktion läßt sich ein Alarmsignal auf dem Computer programmieren. Angegeben wird der Zeitpunkt, zu dem der Alarm ausgelöst werden soll.

| 26 $1A | 7 $07 | Rücksetzen des Alarms | AT |

Die Funktion verhindert die Ausführung des Alarms.

Betriebssystem - Befehle

Betriebssystem-Befehle

Im folgenden finden Sie eine Zusammenfassung der Stapelverarbeitungs-, DOS-, Konfigurations- und EDLIN-Befehle. Die Befehlsbeschreibungen und Syntaxerklärungen sind nicht vollständig, es sind nur die jeweils wichtigsten Formen der Befehle erläutert. In eckigen Klammern finden Sie Parameter, die nicht angegeben werden müssen. Das Symbol | zeigt an, daß aus den so getrennten Optionen eine ausgewählt werden kann.

/w: ist der Parameter, für den eine Laufwerkskennzeichnung eingesetzt werden muß.

pfad ist der Parameter, für den ein Pfadname eingesetzt werden muß.

pfadname ist der Parameter, für den ein Pfadname einschließlich Dateiname eingesetzt werden muß.

dateiname ist der Parameter, für den ein Dateiname eingesetzt werden muß.

Weitere Informationen über die im folgenden aufgeführten Befehle finden Sie im DOS-Handbuch.

Befehle zur Stapelverarbeitung

ECHO [on | off | meldung]

ECHO

DOS zeigt den Echo-Status an.

ECHO ON

ist standardmäßig festgelegt. Die Befehle werden bei der Ausführung angezeigt.
Eine angegebene *meldung* wird angezeigt, auch wenn keine Befehle auf dem Bildschirm (ECHO OFF) erscheinen.

FOR %%variable IN (liste) DO befehl

FOR %%var IN (dat1.txt dat2.txt dat4.txt) DO del %%var

Es werden die Dateien DAT1.TXT, DAT2.TXT und DAT4.TXT gelöscht.
Mit FOR läßt sich ein DOS-Befehl aus einer Stapeldatei mit verschiedenen Dateien ausführen. Die Bezeichnung *%%variable* sollte keine Zahlen enthalten. Sie ist der Variablenname, der den Werten von *liste* zugewiesen wird. Die Liste muß in Klammern gesetzt und die Dateinamen müssen mit jeweils einem Leerzeichen getrennt sein. Dateigruppenzeichen können verwendet werden. *befehl* kann aus Parametern, Dateinamen oder *%%variable* bestehen.

GOTO marke

GOTO :otto

Der Programmablauf wird mit dem Befehl GOTO geändert, indem das Programm zur Zeile *:otto* springt und bei der nächsten Zeile weiterarbeitet. *marke* muß mit *:* anfangen und wird im normalen Programmablauf nicht beachtet.

IF [not] bedingung befehl

IF not exist prog1.exe MASM prog1.asm;

Es wird auf das Vorhandensein der Datei PROG1.EXE geprüft. Falls die Datei nicht gefunden wird, erfolgt die Assemblierung von PROG1.ASM.
Der Befehl IF prüft, ob *bedingung* erfüllt ist und führt in diesem Fall *befehl* aus. Zur
Ausführung von *befehl,* wenn *bedingung* nicht erfüllt ist, muß NOT hinzugefügt werden.
befehl kann austauschbare Parameter haben. *bedingung* kann folgendermaßen aussehen:
- das Vorhandensein einer/mehrerer Datei(en) wird überprüft. Laufwerks- und Pfad-
  bezeichnung sowie Dateigruppenzeichen können verwendet werden. Die Syntax lautet:

  exist dateiname

- die Gleichheit zweier Variablen wird überprüft. Zwischen Groß-/Kleinschreibung wird
  nicht unterschieden. Die Syntax lautet:

  string1 == string2

- der Fehlercode des letzten, mit COMMAND.COM bearbeiteten Programms wird überprüft. *bedingung* ist erfüllt, wenn der Code mindestens den Wert *zahl* hat. Die Syntax
  lautet:

  errorlevel *zahl*

PAUSE [meldung]

PAUSE Wechseln Sie bitte die Diskette.
wartet mit der weiteren Programmabarbeitung, bis der Benutzer eine Taste betätigt hat,
und zeigt die Meldung *Wechseln Sie bitte die Diskette.* an. Die Meldung wird nur angezeigt, wenn der Status ECHO ON gesetzt ist. Auf jeden Fall (auch ohne Angabe einer
benutzereigenen Meldung) erscheint die Standardmeldung *Wenn bereit, eine Taste betätigen...* auf dem Bildschirm.

REM meldung

REM Sprung zu Autodat

dient bei gesetztem Status ECHO OFF der Dokumentation. Da standardmäßig ECHO
ON gesetzt ist, muß ECHO OFF eingegeben werden. Die Meldung wird auf dem Bildschirm angezeigt, wenn ECHO ON gesetzt ist.

SHIFT

SHIFT

löscht den ersten (%0) der zehn (%0 *bis* %9) austauschbaren Parameter und rückt die
anderen um eine Position vor (%1 wird zu %0, %6 zu %5 etc.) Mit SHIFT läßt sich die
Beschränkung auf zehn Befehlszeilenparameter aufheben, wobei allerdings der erste
jedesmal verloren geht.

APPEND [lw:][pfad][;[lw:][pfad]...]

APPEND b:\norm;b:\report;a:\memorand

Dieser Befehl ermöglicht das Durchsuchen der Verzeichnisse NORM (Laufwerk B), RE-PORT (Laufwerk B) und MEMORAND (Laufwerk A) nach Dateien. Pfadangaben werden durch Semikola getrennt, die Ausführung des Befehls ASSIGN muß vor APPEND erfolgen.

APPEND ;

desaktiviert die gesetzten Suchpfade.

APPEND

zeigt den aktuellen Suchpfad an.

ASSIGN [lwalt=lwneu [...]]

ASSIGN A=C

Der Zugriff eines Programms wird von Laufwerk A auf die Festplatte C umgeleitet. Das Programm kann so auf einem System mit festgelegter Laufwerkskonfiguration arbeiten, die nicht der erwarteten entspricht. Dabei sind hinter den Laufwerksbezeichnungen *keine* Doppelpunkte einzugeben.

ASSIGN A=C B=C

Nun werden die Zugriffe in einem System mit den Laufwerken A und B und einer Festplatte C von den Laufwerken auf die Festplatte C umgelenkt.

ASSIGN

stellt die ursprüngliche Zuordnung wieder her.

ATTRIB [+/−R][+/−A][lw:]pfad\dateiname[.erw]

ATTRIB +R tabelle.txt

Der Befehl ATTRIB +R setzt das Attribut *Nur-Lesen* für die Datei tabelle.txt. Mit ATT-RIB −R kann diese Zugriffsbeschränkung aufgehoben werden.

ATTRIB tabelle.txt
R A:\TABELLE.TXT

stellt fest, daß die Zugriffsbeschränkung gesetzt ist (vor dem Pfadnamen wird das Zeichen *R* angezeigt). Für das Attribut *Archiv*, abgekürzt *A*, gelten ebenfalls diese Regeln; es kann allerdings erst ab DOS 3.2 eingesetzt werden.

BACKUP [lw:][pfad][\dateiname[.erw]] lw:[/S][/M][/A][/D:tt-mm-jjjj][/T:hh.mm.ss.xx]

BACKUP a:*.* c:/s/a

Alle Dateien und Verzeichnisse werden vom Laufwerk A auf die Festplatte C gesichert. Aufgrund der Angabe */s* werden auch die Unterverzeichnisse mitgesichert. Da die Option */a* angegeben ist, werden bereits bestehende Dateien nicht gelöscht.

BACKUP c:\lohn a:/m

Die Datei LOHN wird von der Festplatte C auf die Diskette in Laufwerk A gesichert. Es werden nur die seit der letzten Sicherung veränderten Dateien gespeichert, da die Option */m* hinzugefügt wurde. Die bestehenden Dateien auf der Diskette werden gelöscht.

Die Optionen */D* bzw. */T* sichern die Dateien, die nach dem/der spezifizierten Datum bzw. Zeit geändert wurden. Die durch SELECT und COUNTRY bestimmten Voreinstellungen müssen beachtet werden.

Der Befehl BACKUP ist *nicht* mit dem Befehl COPY identisch. In einer mit BACKUP gesicherten Datei erscheinen Steuerzeichen, die vom Befehl RESTORE verwendet werden. Die mit BACKUP gesicherten Dateien können nur nach einer Wiederherstellung als normale Dateien verwendet werden. Achten Sie auf die Beschriftung der Sicherungsdisketten, da die Disketten in einer bestimmten Reihenfolge eingelegt werden müssen. Der Zieldatenträger muß formatiert sein.

Bei der Sicherung auf eine Festplatte wird das Verzeichnis \BACKUP erstellt, das die Dateien aufnimmt; bei der Sicherung auf Disketten werden die Dateien in das Stammverzeichnis kopiert. Die Diskette im Ziellaufwerk darf nicht schreibgeschützt sein!

BACKUP darf nie in Verbindung mit JOIN verwendet werden.

BACKUP verfügt über folgende Rückgabecodes:

Code	Bedeutung
0	Normales Programmende
1	Keine zu sichernden Dateien gefunden
2	Zugriffskonflikte, keine Sicherung bestimmter Dateien
3	Abbruch durch Ctrl-Break
4	Abbruch wegen Fehler

BREAK [ON|OFF]

BREAK ON

DOS überprüft auch beim Zugriff auf blockorientierte Einheiten wie z.B. Diskettenstationen, ob die Tastenkombination *Ctrl-Break* betätigt wurde.

BREAK OFF

schaltet diesen Zustand aus, der standardmäßig vorgegeben ist. In diesem Zustand wird nur bei den folgenden Operationen nach der Tastenkombination *Ctrl-Break* gesucht:

        Standardeingabe
        Standardausgabe
        Standarddruckoperation
        Standardhilfsoperation

Der Befehl BREAK kann in die Konfigurationsdatei CONFIG.SYS aufgenommen werden.

CD [lw:][pfad]

CD \

macht das Stammverzeichnis des aktuellen Laufwerkes zum aktuellen Verzeichnis.

CHDIR b:\u1

Das Unterverzeichnis U1 des Stammverzeichnisses in Laufwerk B wird zum aktuellen Verzeichnis gemacht.

CHDIR b:u2

Das Verzeichnis U1 besitzt ein weiteres Unterverzeichnis, U2, das durch den Befehl aktiviert wurde. Nach der Laufwerksspezifikation wird kein umgekehrter Schrägstrich angegeben, da U2 ein Unterverzeichnis von U1 ist. Der vollständige Pfadname des aktuellen Verzeichnisses in Laufwerk B lautet nun:

B:\U1\U2

Die Pfadangabe darf eine maximale Länge von 64 Zeichen besitzen.
Beachten Sie, daß das aktuelle Verzeichnis durch einen der Befehle ATTRIB, SUBST oder JOIN verborgen sein kann!

CHKDSK [lw:][\pfad][\dateiname[.erw]][/F][/V]

chkdsk A:/f

Das Verzeichnis und die Dateibelegungstabelle des Laufwerks A werden analysiert und ein CHKDSK-Statusbericht erstellt. /F wird zur automatischen Korrektur der Verzeichnisse und Dateibelegungstabellen spezifiziert. Ist die Option nicht gegeben, zeigt das Programm CHKDSK die vorzunehmenden Änderungen an, führt sie aber nicht aus. Falls Unterverzeichnisse gefunden werden, die nicht erreicht werden können, erscheint eine Fehlermeldung und CHKDSK gibt keine Belegungsbereiche frei.

chkdsk C:/v

Die Option /V dient der Anzeige aller Dateien (einschließlich Pfadangaben) der Festplatte C.

chkdsk B: >FEHLER

Der Fehlerbericht wird mit dem Umleitungsoperator > in eine Datei gespeichert. Verwenden Sie in diesem Zusammenhang nicht die Option /F. Bei der Angabe eines Dateinamens zeigt der Befehl CHKDSK die Anzahl der *nicht* zusammenhängenden Bereiche an, die zu einer Datei gehören. In Verbindung mit Netzwerklaufwerken und Laufwerken, die über SUBST oder JOIN angesprochen werden, kann CHKDSK nicht verwendet werden.
Der Befehl zeigt jeweils 23 Zeilen auf dem Bildschirm an. Dann pausiert der Filter und wartet, bis eine Taste gedrückt wird. Der Befehl ist nützlich für die Bildschirmausgabe langer Dateien. Da der Befehl MORE ein Filter ist, kann er nur im Zusammenhang mit anderen DOS-Befehlen eingesetzt werden.

CLS

CLS

Der Befehl CLS löscht die Bildschirmdarstellung; die Eingabeaufforderung wird in der oberen linken Bildschirmecke angezeigt.

COMMAND[lw:][\pfad] [zeichen_tty_einheit] [/e:nnnnn] [/P][/c string]

COMMAND /c prog2   (Programmzeile in PROG.1)

Die Ausführung der Batch-Datei PROG.2 wird von der Batch-Datei PROG.1 aus gestartet. PROG.2 wird bearbeitet und die Kontrolle nach Programmende an PROG.1 zurückgegeben. Für /c string ist die zweite Kopie des Kommandointerpreters wie ein transientes Programm. Die Ausführung des Befehls oder des durch string angegebenen Programms und die Übergabe der Kontrolle an den aufrufenden Prozessor erfolgen. Ohne Angabe eines Parameters bleibt die zweite Kopie von COMMAND.COM bis zur Ausführung eines EXIT-Befehls gespeichert. /c string wird als letzter Parameter angegeben.

COMMAND aux /p

Eine im Speicher verbleibende Zweitkopie des Kommandoprozessors wird erstellt und die Ein-/Ausgaben auf ein am seriellen Port angeschlossenes Terminal umgeleitet. /P unterbindet die Verwendung des Befehls EXIT und fixiert den neu geladenen Kommandointerpreter im Hauptspeicher. Das Löschen dieses Zweitinterpreters ist nur durch einen erneuten Systemstart möglich.

Bei der Anlage der Zweitkopie können die Eigenschaften der Prozessorkopie verändert werden. Für die Anzeige von Eingabeaufforderungen, die Interpretation von Befehlen, die Abarbeitung von Batch-Dateien und das Laden und Ausführen von Anwendungsprogrammen ist der Kommandointerpreter verantwortlich. Laufwerksbezeichnung und/oder Verzeichnis, das nach COMMAND.COM zu durchsuchen ist, wenn der transiente Teil des Programmes nachgeladen werden muß, werden mit lw:pfad angegeben. Eine zeichenorientierte Einheit, die statt der Standardeinheiten Tastatur und Monitor zur Ein- und Ausgabe verwendet wird, wird mit zeichen_tty_einheit bezeichnet. Unter PC-DOS kann der Parameter nicht angegeben werden.

Die Größe des Speicherbereichs in Bytes, die der Umgebungsblock des Prozessors einnimmt, wird durch /e:nnnnn angegeben. Dies ist nur unter DOS 3.2 möglich.

COMP[lw:][\pfad][\dateiname[.erw]] [lw:][\pfad][\dateiname[.erw]]

COMP b:*.sik b:\U1

vergleicht alle Dateien mit der Dateinamenerweiterung .SIK in Laufwerk B mit den Dateien gleichen Namens im Verzeichnis B:\U1.

Die zu vergleichenden Dateien müssen sich nicht im gleichen Laufwerk befinden. Dateigruppenzeichen (* und ?) können verwendet werden. Der Befehl COMP fragt nach den zu vergleichenden Dateien, wenn keine Angabe erfolgt ist. Wird für die zweite Datei nur eine Laufwerksbezeichnung angegeben, geht COMP davon aus, daß die Dateinamen der zu vergleichenden Dateien identisch sind. Bei unterschiedlichen Dateigrößen findet kein Vergleich statt. Für jede nicht übereinstimmende Stelle wird eine Fehlermeldung ausgegeben. In der Meldung erscheinen der Offset der gefundenen Fehlerstelle sowie der Inhalt der nicht übereinstimmenden Bytes. Nach zehn Vergleichsfehlern wird der Vorgang abgebrochen. Ist die Vergleichsoperation erfolgreich, kann der Benutzer weitere Dateien vergleichen lassen. Das letzte Zeichen der verglichenen Dateien wird auf die EOF-Marke (*End-Of-File*) hex 1A hin überprüft und gegebenenfalls eine Fehlermeldung am Bildschirm ausgegeben.

COPY [/A][/B][lw:][pfad]dateiname[.erw][/A][/B] [lw:][pfad][dateiname [.erw]][/A][/B][/V]

COPY a:\buch\text1.txt c:\brief\t1.txt

Der Befehl COPY kopiert die Datei TEXT1.TXT des Verzeichnisses \BUCH (Laufwerk A) auf die Festplatte C. Dort wird die Datei in das Verzeichnis \BRIEF gespeichert; der Name der Datei auf der Festplatte lautet T1.TXT.

COPY a:\buch\text1.txt c:

Hierbei handelt es sich um die gleiche Quelldatei wie im vorherigen Beispiel. Die Datei wird unter dem Namen TEXT1.TXT in das aktuelle Verzeichnis der Festplatte (Laufwerk C) gespeichert.

COPY *.* c:\

kopiert alle Dateien des aktuellen Verzeichnisses in das Stammverzeichnis der Festplatte C.

/V steht für VERIFY ON (gilt nur während der Ausführung von COPY). /A im Zusammenhang mit Quelldateien behandelt die Datei als ASCII-Datei. Die Dateien werden (ausschließlich) bis zum ersten Dateiendezeichen (hex 1A) kopiert.

/B in Verbindung mit der Quelldatei kopiert die gesamte Datei, wobei die im Verzeichnis angegebene Dateilänge verwendet wird.

COPY CON TEXT .TXT

Alle Tastatureingaben werden mit Hilfe des Befehls COPY in eine Datei kopiert. Die Beendigung des Kopiervorganges wird durch die Betätigung der Tastenkombination *Ctrl-Z* eingeleitet.

COPY *.TXT B:\TEXT.TXT

Alle Dateien mit der Dateinamenerweiterung .TXT im aktuellen Laufwerk und Verzeichnis werden in das Stammverzeichnis des Laufwerks B in die Datei TEXT.TXT kopiert. Bei der Verwendung von Dateigruppenzeichen ist Vorsicht geboten!

CTTY einheitenname

CTTY aux

Die Einheit AUX wird für Tastaturein- und Bildschirmausgabe benutzt.

CTTY con

ist die Aufhebung der vorherigen Zuweisung. Tastatur und Bildschirm werden wieder zur Ein-/Ausgabe verwendet.

Durch CTTY wird die Standardein-/-ausgabeeinheit definiert. Der Parameter *einheiten-name* dient der Definition einer logischen zeichenorientierten Einheit, die als Konsole benutzt werden soll (AUX, COM1, COM2). Durch die Benutzung von CON werden Bildschirm und Tastatur als Standardeinheiten eingesetzt.

DATE [tag-monat-jahr]

DATE 1-1-87

Das Systemdatum wird auf den 1.1.1987 geändert.

Der Befehl DATE dient der Eingabe bzw. Änderung des Systemdatums. Das Datum wird im Verzeichniseintrag aller neuerstellten und geänderten Dateien eingetragen. Für *tag* können Zahlen zwischen 1 und 31, für *monat* Werte zwischen 1 und 12 und für *jahr* eine zweistellige Zahl zwischen 80 und 99 oder eine vierstellige Zahl (bei Jahrhundertüberschreitung) eingegeben werden. Als DOS Version 3.0 kann in der Konfigurationsdatei eine landesspezifische Datumsangabe festgelegt werden . Das von DOS angeforderte Datumsformat kann sich von dem hier dargestellten unterscheiden.

DEL [lw:]pfadname

DEL artikel.txt

Die Datei ARTIKEL.TXT wird aus dem aktuellen Verzeichnis des aktuellen Laufwerks gelöscht.

DEL a:\auto*.xx

Alle Dateien mit der Dateinamenerweiterung .XX im Verzeichnis \AUTO in Laufwerk A werden gelöscht.

Dateigruppenzeichen können im Pfadnamen verwendet werden, sie sind jedoch mit Vorsicht zu benutzen. Die mit DEL durchgeführte Löschung ist endgültig, die Dateien können nur noch mit einem UNDELETE-Programm gerettet werden!

DIR [lw:][pfad][dateiname] [/W][/P]

DIR

Alle Verzeichniseinträge im Standardlaufwerk und -verzeichnis werden aufgelistet.

DIR a:/W

Die Option /W bewirkt die mehrspaltige Bildschirmausgabe ohne Zusatzangaben (wie Erstellungsdatum oder Dateilänge). Die Namen aller Dateien mit Namenerweiterung im aktuellen Verzeichnis in Laufwerk A werden angezeigt.

DIR a:\tänzer/P

Die seitenorientierte Ausgabe des Verzeichnisses \TÄNZER in Laufwerk A wird durch die Option /P erreicht. Nach der Betätigung einer beliebigen Taste wird die nächste Seite angezeigt.

DISKCOMP [lw1:[lw2:]] [/1][/8]

DISKCOMP a: b:

DISKCOMP vergleicht die Disketten in den Laufwerken A und B. Bei einem PC mit nur einem Laufwerk ist nur der Befehl DISKCOMP einzugeben und den Anweisungen des Systems zu folgen.

DISKCOMP b: /1

Es wird eine Diskette im aktuellen Laufwerk mit einer Diskette in Laufwerk B verglichen. Durch die Angabe des Parameters /1 wird nur die erste Seite der Diskette verglichen. Dies gilt auch für doppelseitig beschreibbare Disketten.

DISKCOMP b: /8

Der Parameter /8 beschränkt den Vergleich auf die ersten acht Sektoren pro Spur, auch wenn die Diskette neun oder 15 Sektoren pro Spur enthält.
Der Befehl DISKCOMP vergleicht Spur für Spur den Inhalt zweier Disketten miteinander und gibt eine Nachricht aus, wenn Differenzen auftreten.
Ein Vergleich von Disketten mit unterschiedlichem Format ist mit DISKCOMP nicht möglich. Der Befehl kann unter der Version PC-DOS 2.X und höher sowie unter MS-DOS 3.2 verwendet werden.

DISKCOPY [lw1:][lw2:][/1]

DISKCOPY a: b:

Auf einem System mit zwei Laufwerken werden die Daten der Diskette in Laufwerk A auf die Diskette in Laufwerk B kopiert.

DISKCOPY a: b: /1

Unabhängig von Laufwerk- und Diskettenart wird nur die erste Seite einer Diskette kopiert.

DISKCOPY

lautet der Befehl bei einem System mit nur einem Laufwerk. Das System fordert zum Austausch der Disketten auf.

ERASE [lw:]pfadname

ERASE a:prog.1

Es wird die Datei PROG.1 aus dem aktuellen Verzeichnis in Laufwerk A gelöscht.

ERASE c:\karl*.xt

Alle Dateien mit der Namenerweiterung .XT werden im Verzeichnis \KARL auf der Festplatte C gelöscht.
Durch den Befehl ERASE können eine oder mehrere Dateien gelöscht werden. Dateigruppenzeichen können verwendet werden.
Verzeichnisse können mit ERASE nicht gelöscht werden. Eine gelöschte Datei kann nur mit einer UNDELETE-Utility wiederhergestellt werden!

EXE2BIN [lw:]pfadname1 [lw:][pfadname2]

EXE2BIN a:\prog1.exe b:\bin

Die Datei PROG.1EXE im Stammverzeichnis des Laufwerks A wird in das Verzeichnis \BIN des Laufwerks B übertragen und gleichzeitig in eine .BIN-Datei umgewandelt. EXE2BIN wandelt eine .EXE- in eine .BIN-Datei um.

EXIT

Die Zweitkopie von COMMAND.COM wird durch EXIT gelöscht und der Primärprozeß wieder aufgenommen. Auf den beim Systemstart geladenen Original-Befehlsinterpreter und bei der Verwendung der Befehlsinterpreterkopie mit /P ist die Ausführung von EXIT ohne Bedeutung.

FC [/B][/#][/A][/C][/L][/Lb n][/N][/T][/W][/nnnn] [lw:]pfadname1 [lw:]pfadname2

FC /w datei1.txt datei2.txt

Die ASCII-Dateien DATEI1.TXT und DATEI2.TXT werden zeilenweise verglichen. Leerzeichen am Anfang und Ende der Zeilen sowie Tabulatoren werden *bei* angegebenem /W nicht beachtet. Mehrere zusammenhängende Leerzeichen und Tabulatoren werden zu einem Leerzeichen zusammengefaßt.

FC /b datei1.txt datei2.txt

Die Option /B bewirkt den byteweisen Vergleich der Dateien. /B *ist* für .EXE-, .COM-, .SYS-, .OBJ-, .LIB- und .BIN-Dateien Standard. Eine Kombination mit anderen Optionen ist nur mit /nnnn möglich, die die Anzahl der notwendigen übereinstimmenden Zeilen (1—9) nach der Entdeckung einer Abweichung in ASCII-Dateien angibt.
Der Befehl FC ermöglicht den Vergleich zweiter Text- oder Binärdateien. Die Unterschiede werden auf dem Bildschirm angezeigt. Die Option /# entspricht /nnnn. Mit Hilfe der Option /A wird eine Kurzfassung der Unterschiede zweier ASCII-Dateien angezeigt. /C vernachlässigt die Groß-/Kleinschreibung beim Vergleich. /L vergleicht ASCII-Textdateien zeilenweise (Standard, wenn die Datei *nicht* die oben aufgeführten Namenerweiterungen besitzt). Der interne Puffer wird mit /Lb n auf n Zeilen gesetzt. /N zeigt die Zeilennummern beim Vergleich von ASCII-Dateien an und die Option /T dient dem Literalvergleich von Tabulatoren. Dateigruppenzeichen können bei keinem der beiden Dateinamen verwendet werden.

FIND [/V][/C][/N] „string" [lw:][pfadname] [[lw:][pfadname]...]

FIND /n „toto" a:\verz.1

zeigt alle Zeilen in der Datei VERZ.1 (im Stammverzeichnis der Diskette in Laufwerk A) an, die die Zeichenfolge *„toto"* enthalten. Zusätzlich gibt /N die Zeilennummer an.

FIND /v „toto" a:verz.1

listet die Zeilen der Datei VERZ.1 im aktuellen Verzeichnis des Laufwerks A auf, die *„toto" nicht* enthalten. Die Ausgabe erfolgt auf den Bildschirm.

/C zeigt nur die Gesamtzahl der Zeilen an, die das Kriterium erfüllen. Der Parameter *string* kennzeichnet die zu suchende Zeichenkette und muß in Anführungszeichen gesetzt werden. Bei der Suche wird die Groß-/Kleinschreibung beachtet. Wird keine Angabe zu Laufwerk, Pfad- und Dateiname gemacht, durchsucht FIND die Tastatureingabe.

FIXED DISK

FDISK

ist der Aufruf des Programms.
Über ein menüorientiertes Programm kann eine Festplatte verwaltet werden. Dabei können unter anderem DOS-Partitionen angelegt werden.

FORMAT [lw:][/V][/B][/n:xx][/t:yy][/S]

FORMAT b: /V

formatiert die Diskette. Der Parameter */V* bewirkt das Hinzufügen eines Datenträgerkennsatzes. Nach beendeter Formatierung wird nach dem Datenträgerkennsatz gefragt.

FORMAT a: /S

macht aus der Diskette in Laufwerk A eine DOS-Systemdiskette. Die Option */S* muß am Ende der Befehlszeile stehen.
Der Befehl FORMAT initialisiert die Diskette im angegebenen Laufwerk *lw:* zur Benutzung unter DOS. Ohne anderweitige Angabe wird die Diskette im aktuellen Laufwerk formatiert. Die gesamte Diskette wird auf defekte Sektoren überprüft und durch die Initialisierung des Stammverzeichnisses und der Dateizuordnungstabelle auf die Aufnahme von DOS-Dateien vorbereitet.
Zur Formatierung einer Diskette mit acht Sektoren pro Spur wird die Option */B* verwendet, wenn gleichzeitig ein Teil für eine beliebige DOS-Version reserviert werden soll. DOS wird dabei nicht überspielt. Eine Diskette mit *xx* Sektoren pro Spur wird mit */n:xx* formatiert, entsprechend gibt die Option */t:yy* die Anzahl der Spuren einer Diskette an.

GRAFTABL

GRAFTABL

lädt die Grafiktabelle. Bildschirm und Farb-/Grafikadapter müssen dazu miteinander verbunden sein.
GRAFTABL lädt eine Tabelle mit zusätzlichen Zeichendaten und ermöglicht die Anzeige des erweiterten ASCII-Zeichensatzes im Grafikmodus.

GRAPHICS [drucker] [/B]

GRAPHICS color8 /B

Der Befehl bewirkt den Ausdruck einer Grafik auf einem IBM-Farbdrucker mit einem Farbband mit vier Farben. Vorder- und Hintergrundfarbe wird durch */B* ausgedruckt.

Der Befehl GRAPHICS ermöglicht bei angeschlossenem Farb-/Grafikbildschirmadapter die Grafikausgabe auf einem Drucker. Der Ausdruck von Grafikdarstellungen ist nicht auf allen Druckern möglich. Für *drucker* wird der Name eines Druckers eingesetzt. Folgende Druckernamen dürfen verwendet werden:

color1	schwarzes Farbband
color4	Farbband mit den Farben rot, grün, blau, schwarz
color8	Farbband mit den Farben türkis, magenta, gelb, schwarz
compact	IBM-Kompaktdrucker
graphics	IBM-Grafikdrucker

JOIN [lw1: lw2:pfad] /d

JOIN c: b:\daten\neu

Eine formatierte und leere Diskette in Laufwerk B wird mit der Festplatte C verknüpft. DOS sieht die Diskette in Laufwerk B als Unterverzeichnis \DATEN\NEU des Festplattenlaufwerkes an.

join c: /d

löst die Verknüpfung. Das kommt einem Neustart von DOS gleich. */D* darf nur verwendet werden, wenn es der einzige andere Parameter in der Befehlszeile ist.
Der Befehl JOIN verknüpft ein Laufwerk mit dem Verzeichnis eines anderen Laufwerks. Auf den erstgenannten Datenträger kann nur noch über die Laufwerksbezeichnung des zweiten Laufwerkes zugegriffen werden. Das Unterverzeichnis wird durch den Befehl JOIN selbst angelegt oder muß vor der Ausführung der Verknüpfung leer sein. *pfad* muß dabei ein direktes Unterverzeichnis des Stammverzeichnisses in *lw2:* sein.
Laufwerke, die mit den Befehlen ASSIGN oder SUBST angesprochen werden, sollten mit dem Befehl JOIN nicht benutzt werden.

KEYBXX

KEYBFR

ist die Eingabe für die Verwendung einer französischen Tastatur.
Der Befehl KEYB*xx* lädt ein Tastaturprogramm und gleicht die verwendete Tastatur der Ländertastatur an. Der Tastaturanpassungsbefehl beginnt mit der Zeichenfolge KEYB, dann folgt die Abkürzung für das Land:

FR	für	(Frankreich)
GR	für	(Deutschland)
IT	für	(Italien)
SP	für	(Spanien)
UK	für	(Großbritannien)

Der Tastaturtreiber muß nur einmal geladen werden. Ein Wechsel kann mit den Tastenkombinationen *Ctrl-Alt-F1* (zur Einstellung für Großbritannien) und *Ctrl-Alt-F2* (zur Einstellung für den installierten Treiber) durchgeführt werden.

LABEL [lw:][marke]

LABEL a:progdsk

Der Name PROGDSK wird der Diskette in Laufwerk A als Datenträgerkennsatz zugewiesen.

LABEL b:

Ein bestehender Datenträgerkennsatz der Diskette in Laufwerk B wird überschrieben.
DOS fordert die Eingabe des neuen Namens.

Mit dem Befehl LABEL kann der Name eines Datenträgers zugewiesen, geändert oder
gelöscht werden. Ohne Angabe greift DOS auf den Datenträger im aktuellen Laufwerk
zu. Der Parameter *marke* ist der Name des Datenträgers. Er darf aus bis zu elf Zeichen
bestehen.

MD [lw:][pfad]name

MD a:\buch\inhalt

legt das Verzeichnis INHALT als Unterverzeichnis zu BUCH in Laufwerk A an.

MD a:inhalt

Der Befehl dient der Anlage des Verzeichnisses INHALT als Unterverzeichnis des aktuellen Verzeichnisses in Laufwerk A.

Der Befehl MD legt auf der Diskette im angegebenen Laufwerk ein Verzeichnis an. Ohne
Angabe legt DOS das neue Verzeichnis als Unterverzeichnis im aktuellen Verzeichnis
an. *name* darf bis zu acht Zeichen lang sein und ist der Name des neuen Verzeichnisses.
Beachten Sie, daß keine zwei Verzeichnisse mit denselben Namen in einem Verzeichnis
angelegt werden können.

MODE

MODE LPTn[:]=COMm[:]

MODE LPT1:=COM1:

Mit diesem Befehl wird eine Druckerumleitung erstellt; es wird von nun ab der serielle
Drucker am Port COM1: angesprochen.

MODE COMm[:]baud[,par[,datenbits[,stopbits[,p]]]]

MODE COM1:9600,O,7,1,p

Der erste serielle Port wird auf eine Übertragungsgeschwindigkeit von 9600 Baud konfiguriert. Es werden sieben Datenbits mit einem Stopbit und ungerader Parität verwendet. Der Druckerzugriff wird durchgeführt, bis mit der Tastenkombination *Ctrl-Break*
abgebrochen wird.

Mit diesem Befehl ist die Konfigurierung eines seriellen Ports (COM1 oder COM2) möglich. Für den Parameter *baud* wird die Übertragungsgeschwindigkeit in Bit pro Sekunde
angegeben. Die Angabe einer Parität *par* dient der Fehlerüberprüfung. Bei *datenbits*
und *stopbits* werden die Anzahl der Bits, die zu diesen Zwecken übertragen werden, an-

gegeben. Bei der Angabe des Parameters *p* wird der Zugriff auf den Drucker in Form
einer Endlosschleife ausgeführt.

MODE LPTn[:][anz_zeichen][,[zeilen][,p]]

MODE LPT1:65,,p

Der Befehl konfiguriert den ersten Parallelport auf eine Zeilenbreite von 65 Zeichen.
Die Anzahl der Zeilen pro Seite wird nicht verändert. Der gesetzte Parameter *p* bewirkt,
daß eine Druckeranforderung ständig versucht wird, auch wenn der Drucker ein *Nicht-
Bereit-Zeichen* zurücksendet.

MODE anzeige

MODE co40

Es wird ein 40-spaltiger Anzeigemodus mit Farbe gewählt.
Mit dem Befehl wird der Anzeigemodus (40 oder 80 Spalten, Farbig/Nicht-Farbig) festgelegt. Der Monochrommodus wird mit MODE *mono* gesetzt.

MODE [anzeige],umschaltung[,t]

Die Option *umschaltung* kann entweder zu *r* (rechts) oder *l* (links) werden. Dies bewirkt eine Verschiebung der Anzeige (bei 80-Zeichen-Darstellung um zwei und bei einer
40-Zeichen-Darstellung um eine Zeichenposition). Mit dem Parameter *t* zeigt MODE
ein Testmuster. Anhand des Musters kann die Bildschirmdarstellung korrekt ausgerichtet
werden.

MORE

type buch.txt|MORE

Auf dem Bildschirm werden jeweils die nächsten 23 Zeilen der Datei BUCH.TXT angezeigt. Die folgenden 23 Zeilen erscheinen erst nach der Betätigung einer Taste.

PATH [[lw:][pfad][;[lw:][pfad]...]]

PATH a:\text;a:\wort;c:\buch

Die Verzeichnisse \TEXT und \WORT in Laufwerk A und das Verzeichnis \BUCH in
Laufwerk C werden als Suchpfad für Programmdateien gesetzt.
Durch den Befehl wird DOS angewiesen, bestimmte Verzeichnisse nach Befehlen zu
durchsuchen, sofern die Dateien im aktuellen Verzeichnis nicht gefunden werden. Es
besteht die Möglichkeit, mehrere durch Semikola getrennte Pfade (einschließlich Laufwerksbezeichnung) zu definieren.

PRINT [/d:einheit][/b:puffer][/q:umfang][/T][/C][/P] [lw:][pfadname]

PRINT buch.txt

druckt die Datei BUCH.TXT, sofern der Drucker betriebsbereit ist.

PRINT buch.txt /C wort.txt /P

lautet der Befehl, wenn die Datei BUCH.TXT doch nicht gedruckt und stattdessen die
Datei WORT.TXT ausgegeben werden soll. Die Datei BUCH.TXT wird mit */C* aus der

Warteschlange gelöscht. Falls sich BUCH bereits im Ausdruck befindet, wird der Ausdruck abgebrochen und ein Seitenvorschub ausgeführt. Die Option /P fügt die Datei WORT.TXT in die Druckerwarteschlange ein. /P wird standardmäßig verwendet, wenn hinter PRINT nur eine Dateibezeichnung (und gegebenenfalls ein Pfadname) angegeben werden.

Wenn Dateien ausgedruckt und gleichzeitig mit dem System gearbeitet werden soll, kann der Befehl PRINT auch verwendet werden. Das System baut eine Druckerwarteschlange auf, die bis zu 32 Dateien aufnimmt. Der angeschlossene Drucker wird mit /d:einheit festgelegt. DOS fragt nach der zu verwendenden Einheit, wenn keine Angabe gemacht wird. PRN ist die standardmäßig verwendete Einheit. Die Größe des internen Puffers wird durch den Parameter /b:puffer in Bytes festgelegt (kann zwischen 1 und 32767 Bytes variieren). Durch sie wird die Datenmenge bestimmt, die mit einem Leseaufruf aus einer Datei gelesen wird (und damit indirekt die Lesegeschwindigkeit). Standardmäßig wird ein 512-Byte-Puffer angelegt. Wieviele Dateien zu einem Zeitpunkt in der Druckerwarteschlange stehen dürfen, wird durch /q:umfang bestimmt (Standard sind zehn Dateien). Die Beendigung des Ausdruckes der Dateien in einer Warteschlange wird durch /T herbeigeführt. Die Verwendung von Dateigruppenzeichen ist möglich. Die Ausführung von PRINT ohne Parameter zeigt eine Liste der Dateien in der Warteschlange an.

PROMPT string

PROMPT pg

setzt als Systemanfrage das aktuelle Verzeichnis und Laufwerk und ein Größer-als-Zeichen.

PROMPT

stellt die normale DOS-Systemeingabeaufforderung wieder her (A>).
Der Befehl PROMPT dient dem Setzen der Systemeingabeaufforderung. Durch die Zeichenfolge *string* wird die anzuzeigende Eingabeaufforderung definiert; Leerzeichen werden angezeigt. Nachfolgend einige zur Verfügung stehende Kombinationen:

$d	Datum
$g	>
$l	<
$n	Standardlaufwerk
$p	Aktuelles Laufwerk/Verzeichnis
$q	=
$t	Zeit
$v	DOS-Versionsnummer

RECOVER [lw:]pfadname

RECOVER a:programm

macht die Datei PROGRAMM der Diskette in Laufwerk A wieder verwendbar.

RECOVER b:

stellt ein beschädigtes Verzeichnis der Diskette in Laufwerk B wieder her.

36

Eine Datei mit einem defekten Sektor oder Dateien einer Diskette mit beschädigter Verzeichnisstruktur können mit RECOVER wiederhergestellt werden. Dateien mit fehlerhaftem Sektor können bis auf die Daten im defekten Sektor wiederhergestellt werden. Falls das Verzeichnis beschädigt ist, können im allgemeinen alle Dateien wiederhergestellt werden. Dateigruppenzeichen können nicht verwendet werden. Die wiederhergestellten Dateien werden *FILEnnnn.REC* benannt.

RD [lw:]pfad

RD a:\buch\wort

Auf der Diskette in Laufwerk A wird das Unterverzeichnis \WORT im Verzeichnis \BUCH gelöscht. Der Befehl RD löscht Verzeichnisse. Die Festlegung des Laufwerks erfolgt mit *lw:*. Ohne Angabe wird ein leeres Verzeichnis des aktuellen Laufwerks angesprochen. Das aktuelle Verzeichnis selbst kann durch RD *nicht* gelöscht werden.

REN [lw:]pfadname dateiname

REN beginn.xx ende.xx

gibt der Datei BEGINN.XX auf der Diskette im aktuellen Laufwerk den Namen ENDE.XX.

REN a:\verz1\programm prog1

Die Datei PROGRAMM im Verzeichnis VERZ1 in Laufwerk A wird die PROG1 umbenannt.
Bei der Umbenennung von Dateien mit REN definiert der Parameter *lw:pfadname* Laufwerk und Name der neu zu benennenden Datei. Für *dateiname* wird der neue Name der Datei eingegeben. Bei beide Dateinamen können Dateigruppenzeichen verwendet werden. Da die Datei im gleichen Verzeichnis bleibt und lediglich umbenannt wird, dürfen für den neuen Namen weder Laufwerk noch Pfadname angegeben werden.

REPLACE [lw1:]pfadname [lw2:][pfad] [/A][/P][/W]

REPLACE c:\demo*.* b:

Alle Dateien im Unterverzeichnis \DEMO der Festplatte C (es sind die neueren Versionen) ersetzen die gleichnamigen Dateien im aktuellen Verzeichnis in Laufwerk B.
Bestehende Dateien werden ohne die Angabe der Option /A mit REPLACE durch gleichnamige Dateien überschrieben. Die Verwendung von Dateigruppenzeichen ist möglich. Der Parameter *lw2:pfad* gibt Ziellaufwerk und -verzeichnis an. Der Parameter /P verlangt zur Übertragung die Bestätigung durch den Benutzer. Müssen die Disketten gewechselt werden, verwendet man die Option /W. Die Übertragung der Dateien beginnt dann erst nach der Betätigung einer Taste.

RESTORE lw1: [lw2:][pfadname] [/M][/N]

RESTORE b: a:\prog\wp*.*

Die Diskette in Laufwerk B enthält BACKUP-Dateien des Verzeichnisses \PROG\WP
in Laufwerk A. RESTORE wandelt sie so um, daß sie wieder bearbeitet werden können
und überspielt sie nach Laufwerk A.

Der Befehl RESTORE dient der Bearbeitung von Sicherungskopien. Der Parameter
lw1: muß angegeben werden, er definiert das Laufwerk mit der BACKUP-Sicherungs-
diskette. Durch *lw2:* ist die Laufwerksbezeichnung der Festplatte gegeben, die die Sicherungskopien wieder aufnehmen soll. Bei fehlender Angabe wird das aktuelle Laufwerk angesprochen. Der Parameter *pfadname* besteht aus dem Namen der Zieldatei
(einschließlich Dateinamenerweiterung) und dem Zielverzeichnisnamen. Es darf mit
Dateigruppenzeichen gearbeitet werden. An Optionen stehen unter anderen */M* zur Kon-
vertierung von Dateien zur Verfügung, die nach der letzten BACKUP-Sicherung verändert
wurden. Zur Vervollständigung einer Sicherheitskopiediskette dient die Option */N*, die
nur die Dateien konvertiert, die auf der Zieldiskette noch nicht vorhanden sind.

SELECT [[a:|b:] lw:[pfad]] xxx yy

SELECT 044 uk

legt eine Systemdiskette für Großbritannien mit einer DOS-Version niedriger als 3.2 an.
Voraussetzung ist, daß sich eine Kopie des Original-DOS in Laufwerk A und eine leere
Diskette in Laufwerk B befindet. Verfügt das System nur über ein Laufwerk, so fordert
DOS zum Diskettenwechsel auf.

SELECT a: b: 044 uk

legt die gleiche Systemdiskette unter DOS 3.2 an.

Der Befehl SELECT dient der Erstellung einer Systemdiskette mit einer bestimmten
Tastaturbelegung sowie dem Datums- und Zeitformat eines Landes. Es wird eine Systemdiskette mit der Konfigurationsdatei CONFIG.SYS und der Batch-Datei AUTO
EXEC.BAT konfiguriert. Datums- und Zeitformat beim Start der neu erstellten Diskette werden mit dem Ländercode *xxx*, das Tastaturlayout mit dem Tastaturcode *yy*
bestimmt.

SET [string=[wert]]

SET include=c:\header

Für die Verwendung des Microsoft C-Compilers muß angegeben werden, wo der Com-
piler Headerdateien finden kann. Die Headerdateien liegen im Verzeichnis \HEADER
in Laufwerk C vor.

SET legt Name und Wert einer Umgebungsvariablen fest. Der Parameter *string* enthält
den Namen der Variable, *wert* enthält den Wert (Pfadname, Dateiname und Zeichen).
Bei alleiniger Angabe des Parameters *string* wird die Umgebungsvariable gelöscht. SET
ohne Parameter zeigt alle Umgebungsvariablen an.

SHARE [/f:bereich][/L:sperre]

SHARE

aktiviert die Unterstützung für den gemeinsamen Dateizugriff.

SHARE /f:1024 /L:30

setzt den reservierten Speicherbereich zur Aufnahme von Datei-Sharing-Informationen auf 1024 Bytes und die Anzahl der zu sperrenden Dateibereiche auf 30.

SORT [lw:][pfadname] [/R][/+N]

SORT < a:verzeich /+10

Die Datei VERZEICH im aktuellen Verzeichnis des Laufwerks A wird in aufsteigender Reihenfolge bezogen auf das zehnte Zeichen jeder Zeile sortiert. Der angegebene Wert muß ganzzahlig sein. Üblicherweise beginnt die Sortierung mit der ersten Spalte (erstes Zeichen einer Zeile). Zwischen Groß-/Kleinschreibung wird nicht unterschieden.

DIR | SORT /r

Das Dateiverzeichnis erscheint durch die Option /R in umgekehrter Reihenfolge (von Z nach A) sortiert auf dem Bildschirm.
Der Befehl SORT liest Dateien von der Standardeingabeeinheit, sortiert eingegebene Zeilen und sendet sie zur Standardausgabeeinheit; es können Umleitungssymbole und Piping benutzt werden. Das Umleitungssymbol < muß vor der Eingabeeinheit stehen. Die Eingabe der Zeilen muß bei der Verwendung der Tastatureingabe mit der Return-Taste abgeschlossen werden. Mit der Tastenkombination *Ctrl-Z* oder der Funktions-taste F6 kann der Sortierprozeß abgebrochen werden.

SUBST [lw1: lw2:pfad][/D]

SUBST b: a:\buch\satz\wort

Der Pfad \BUCH\SATZ\WORT in Laufwerk A wird im folgenden über die Laufwerks-bezeichnung B angesprochen.

SUBST b: /d

löst die Substitution.
Mit dem Befehl SUBST kann ein Laufwerksbuchstabe zum Zugriff auf ein Verzeichnis verwendet werden. Die Option /D hebt jede sich auf *lw1:* beziehende Substitution auf.

SYS lw:

SYS b:

schreibt eine Kopie der DOS-Systemdateien auf die Diskette in Laufwerk B.
Mit dem Befehl SYS werden Betriebssystemdateien von der Diskette im Standardlauf-werk zu der Diskette im Ziellaufwerk *lw:* übertragen. Die Diskette muß leer und forma-tiert sein.
COMMAND.COM wird durch SYS nicht übertragen. Die Datei muß in das Stammver-zeichnis kopiert werden (z.B. mit COPY). Erst dann kann ein System mit der neuen Diskette gestartet werden.

TIME [hh:mm:[:ss[.xx]]]

TIME 19:58

setzt die Zeit auf 19.58 Uhr.

Der Befehl TIME ermöglicht die Änderung der Systemzeit. Die Uhrzeit wird beim Erstellen oder Ändern einer Datei im Verzeichniseintrag aufgezeichnet. Anzugeben sind:

hh   aktuelle Stunde (0 bis 23; 0 = Mitternacht)
mm   Minuten (0 bis 59)
ss   Sekunden (0 bis 59)
xx   Hundertstel Sekunden (0 bis 99)

Es dürfen keine Leerzeichen zwischen den Parametern erscheinen. Wird der Befehl ohne Parameter eingegeben, zeigt DOS die aktuelle Systemzeit an und ermöglicht eine Zeitangabe.

TREE [lw:] [/F]

TREE b: /f

informiert über die Verteilung der Dateien in den Verzeichnissen von Laufwerk B. Die Anzeige der Dateinamen wird mit der Option /F erreicht.

TYPE [lw:]pfadname

TYPE \buch\satz.txt

Der Inhalt der Datei SATZ.TXT im Verzeichnis \BUCH des aktuellen Laufwerks wird auf der Standardausgabeeinheit angezeigt.

lw:pfadname kennzeichnet Laufwerksbezeichnung und Pfadname der Datei. Dateigruppenzeichen dürfen *nicht* verwendet werden. DOS greift auf das aktuelle Laufwerk zu, wenn keine andere Angabe erfolgt.

VERIFY [ON|OFF]

VERIFY on

aktiviert die Schreibverifikation.

Der Befehl VERIFY ON überprüft, ob die auf Diskette/Platte geschriebenen Daten richtig aufgezeichnet wurden.

VER

VER

zeigt die verwendete DOS-Version an. DOS zeigt die vollständige Bezeichnung des verwendeten DOS einschließlich Versionsnummer an.

VOL [lw:]

VOL a:

zeigt den Datenträgerkennsatz der Diskette in Laufwerk A an. Ohne Angabe einer Laufwerksbezeichnung wird das aktuelle Laufwerk angesprochen.

XCOPY [lw:]pfadname1 [lw:][pfadname2][/d:datum] [/E][/P][/S][/W]

XCOPY b:*.* c: /e /s

transferiert alle Dateien, Verzeichnisse und Unterverzeichnisse von Laufwerk B nach
Laufwerk C. Es werden auch leere Unterverzeichnisse mit der Option */E* (kann nur in
Verbindung mit */S* benutzt werden) kopiert. Die Option */S* transferiert Verzeichnisse
und Unterverzeichnisse, die *nicht* leer sind. Wird die Option weggelassen, so bearbeitet
XCOPY nur den Inhalt eines Verzeichnisses.
Mit dem Befehl XCOPY können Dateien, Verzeichnisse und Unterverzeichnisse kopiert
werden. Die Verwendung von Dateigruppenzeichen ist möglich. Ohne Festlegung sind
das aktuelle Laufwerk und Verzeichnis Ziel. Eine Bestätigung durch den Benutzer wird
verlangt, wenn */P* in die Befehlszeile aufgenommen wird. XCOPY kopiert erst nach
Betätigung einer Taste, wenn die Option */W* angegeben wurde. Der Benutzer kann zwi-
schenzeitlich die Disketten wechseln.

Befehle für die Verwendung in CONFIG.SYS

BREAK [on|off]

BREAK OFF

setzt den Status, bei dem DOS bei jedem Schreib-/Lesezugriff auf den Bildschirm, Druk-
ker oder Hilfsport prüft, ob die Tastenkombination *Ctrl-Break* betätigt wurde. *Ctrl-
Break* bewirkt den Abbruch des Programmes (der Stapelverarbeitungsdatei). BREAK OFF
ist Standard.

BREAK ON

prüft zusätzlich zur obigen Funktion auch bei jedem Zugriff auf Diskettenlaufwerke
die Verwendung von *Ctrl-Break*.

BUFFERS=zahl

BUFFERS=15

legt die Anzahl der bereitgestellten Puffer auf 15 fest. Puffer sind Arbeitsbereiche, die
DOS beim Laden/Speichern von/auf Diskette benötigt. *zahl* sollte aus Kapazitätsgründen
nicht größer als 30 sein.

COUNTRY=code

COUNTRY=047

ist der Code für landesspezifische Eigenschaften Norwegens wie Währungssymbol, Datumsformat und Dezimalzeichen. Die Angabe muß dreistellig erfolgen, also 047, nicht 47.

Eine Liste der wichtigsten Codes zeigt die folgende Tabelle:

001	USA	041	Schweiz
033	Frankreich	044	Großbritannien
039	Italien	049	Deutschland

DEVICE=[lw:]pfadname

DEVICE=mouse.sys

legt die Verwendung des Treiberprogramms für die Microsoft-Maus fest. Die Datei wird im aktuellen Laufwerk gesucht.

DEVICE=a:\ansi.sys

Der ANSI-Treiber (Bildschirm- und Tastatursteuerung) wird von der Diskette in Laufwerk A geladen.
Mit dem Befehl können Einheitentreiber geladen werden. Zum Ansteuern mehrerer Einheiten in der CONFIG.SYS-Datei kann DEVICE mehrfach verwendet werden.

DRIVPARM=/d:dd[/f:ff][/s:ss][/t:ttt]

DRIVPARM=/d:1/s:8/t:40

verändert die Eigenschaften der blockorientierten Einheit in Laufwerk B und überschreibt den DOS-Standard. Das Laufwerk wird mit */d:dd* gekennzeichnet (0 steht für Laufwerk A, 1 für B usw.). Acht Sektoren pro Spur werden durch die Angabe */s:8* und 40 Spuren pro Seite durch */t:40* verwendet.
/f:ff kann unter anderen die folgenden Werte annehmen:

0	5 1/4 Zoll-Diskette, 320 oder 360 Kbyte
1	5 1/4 Zoll-Diskette, 1,2 Mbyte
5	Festplatte

Es können auch mehrere DRIVPARM-Befehle in einer Konfigurationsdatei eingegeben werden.

FCBS=x,y

FCBS=6,3

legt die Zahl der Dateien, die gleichzeitig über einen FCB (Dateikontrollblock) geöffnet werden können, auf maximal 6 fest. Für die ersten 3 der über FCB geöffneten Dateien besteht ein Schutz gegen automatisches Schließen.
Dieser Befehl kann erst ab DOS 3.0 verwendet werden.

FILES=zahl

FILES=20

legt die Anzahl der zu einem Zeitpunkt geöffneten Dateien auf höchstens 20 fest. 20 ist ein empfohlener Mittelwert.

LASTDRIV=buchstabe

LASTDRIV=h

gestattet die Vergabe der Laufwerksbezeichnungen von A bis H.
buchstabe kann von A bis Z ausgewählt werden. Ohne Angabe von LASTDRIV ist die
Verwendung der Buchstaben A bis E erlaubt.

SHELL=[lw:]pfadname

SHELL=b:\norm

erklärt die Datei NORM im Stammverzeichnis des Laufwerkes B zum Befehlsinterpreter.
An SHELL können keine Optionen angehängt werden. Der Befehlsinterpreter selbst
kann aber Optionen und Argumenten übernehmen. Ohne diesen Befehl greift DOS auf
den Standardbefehlsinterpreter COMMAND.COM im Stammverzeichnis zu.

Befehle des Zeileneditors EDLIN

APPEND

[zahl]A

25A

liest 25 Zeilen von Diskette in den Speicher.
APPEND sollte nur nach WRITE eingegeben werden. Ist die Speicherkapazität bereits
zu 75 % ausgenutzt, wird APPEND nicht ausgeführt.

COPY

[anfang],[ende],zeile[,zahl]C

4,10,2C

kopiert die Zeilen 4 bis 10 vor die Zeile 2. Eine Angabe für *zahl* wurde weggelassen.
Die ehemalige Zeile 4 wird zur aktuellen Zeile.

4,,2,3C

kopiert die Zeilen 4 bis zur aktuellen Zeile dreimal vor die Zeile 2.
COPY kann einen Bereich beliebig oft (*zahl*) vor eine zu bestimmende Position (*zeile*)
kopieren. Durch Weglassen eines Parameters *anfang* bzw. *ende* kann von bzw. bis zur
aktuellen Zeile kopiert werden. In jedem Fall muß aber das Komma gesetzt werden.
zeile darf nicht zwischen *anfang* und *ende* liegen.

DELETE

[anfang][,ende]D

13,18D

löscht die Zeilen 13 bis 18. Die nachfolgenden Zeilen werden neu numeriert und die ehemalige Zeile 19 (jetzt 13) wird zur aktuellen Zeile.

D

löscht die aktuelle Zeile.

Der angegebene Bereich wird gelöscht. Wird *anfang* weggelassen, löscht der Befehl von der aktuellen Zeile bis *ende*. Das Komma muß eingegeben werden.

EDIT

[zeile]

15

Die Zeile 15 wird editiert und kann bearbeitet werden. Nach dem Verändern muß die Return-Taste gedrückt werden.

EDIT zeigt die Zeile *zeile* auf dem Bildschirm an. Die aktuelle Zeile kann durch die Eingabe des Punktes . editiert werden.

END EDIT

E

END EDIT beendet EDLIN, nachdem die editierte Datei gespeichert wurde.

INSERT

[zeile]I

9I

fügt vor der Zeile 9 Text ein.

INSERT fügt eine oder mehrere Zeilen bei *zeile* ein. Die Einfügung an der aktuellen Zeile wird durch Eingabe des Punktes, eine Einfügung am Ende des Textes durch das Zeichen # erreicht. Die eingefügten und nachfolgenden Zeilen werden neu numeriert. Der Einfügemodus wird mit *Ctrl-Break* oder *Ctrl-C* beendet.

LIST

[anfang][,ende]L

2,9L

zeigt die Zeilen 2 bis 9 auf dem Bildschirm an. Die aktuelle Zeile wird nicht verändert.

LIST listet eine Datei im mit *anfang* und *ende* definierten Bereich auf. Es werden maximal 23 Zeilen angezeigt.

MOVE

[anfang],[ende],zeileM

15,,32M

verschiebt den Bereich zwischen den Zeilen 15 und der aktuellen Zeile vor die Zeile 32.
Die aktuelle Zeile muß zwischen 15 und 32 liegen, damit keine Fehlermeldung angezeigt wird. *zeile* muß immer außerhalb der Werte von *anfang* und *ende* liegen.

PAGE

[anfang][,ende]P

,28P

listet den Bereich zwischen der aktuellen Zeile und der Zeile 28 auf, maximal jedoch
23 Zeilen.
PAGE verändert im Gegensatz zu LIST die aktuelle Zeile. Sie ist nun die letzte ange-
zeigte Zeile, in der Regel *ende.*

QUIT

Q

Mit QUIT verläßt man das Programm EDLIN und speichert die bearbeitete Datei *nicht*
ab. Zur Sicherheit wird die Beendigung ohne Dateispeicherung durch eine Benutzer-
abfrage bestätigt.

REPLACE

[anfang][,ende][?]R[string1][^Zstring2]

3,30?Rauto^Zmoto

ersetzt in den Zeilen 3 bis 30 den Begriff AUTO durch MOTO. Der Benutzer wird bei
jeder Ersetzung um Bestätigung gebeten.
REPLACE tauscht einen Ausdruck gegen einen anderen aus. Das richtige Setzen des
Kommas muß beachtet werden.

SEARCH

[anfang][,ende][?]SZeichenfolge

,25SFoxtrott

durchsucht die Datei zwischen der aktuellen Zeile und Zeile 25 nach dem Begriff FOX-
TROTT.
SEARCH prüft, ob eine Zeichenfolge in einem festgelegten Bereich vorhanden ist und
zeigt die Zeile (die zur aktuellen Zeile wird) an. Zur Vereinfachung der Bereichseingaben
gelten die gleichen Regeln wie für REPLACE. Ist der Parameter *?* gesetzt, wird vor der
Aktualisierung der Zeile gefragt, ob der gesuchte Begriff der erwünschte ist oder ob
weitergesucht werden soll.

TRANSFER

[zeile]t[lw:]dateiname

20ta:text1.txt

Vor Zeile 20 der geladenen Datei wird der Inhalt der Datei TEXT1.TXT von Laufwerk A:
eingefügt.
Der Befehl dient der Verknüpfung von Dateien.

WRITE

[zahl]w

20w

Es werden 20 Zeilen der bearbeiteten Datei auf Diskette geschrieben.

w

Es werden so viele Zeilen der gerade bearbeiteten Datei auf Diskette geschrieben, daß
25 % des Hauptspeichers frei sind.

Floppy und Festplattenstation

Floppy und Festplattenstation

Aufbau einer Diskette oder Festplatte

Eine Diskette oder Festplatte ist in konzentrische Kreise (*Tracks* oder *Spuren*) unter-
teilt. Jede Spur umfaßt mehrere *Sektoren*. Die Speicherkapazität (Aufzeichnungsdichte)
auf einer Disketten-/Plattenseite hängt von der Anzahl der Spuren und Sektoren ab. Eine
5,25-Zoll-Standarddiskette mit *doppelter Aufzeichnungsdichte* beherbergt beispielsweise
40 Spuren, eine Diskette mit *vierfacher Aufzeichnungsdichte* 80 Spuren. Bei einer Diskette lassen sich maximal zwei Seiten benutzen (Vorder- und Rückseite), während eine
Festplattenstation unter Umständen mehrere Einzelplatten enthält, so daß zum Beispiel
vier Plattenseiten zur Verfügung stehen können (zwei Platten mit Vorder- und Rück-
seiten).

Die Anzahl der verwendbaren Seiten und der Spuren pro Seite hängt von der verwendeten Floppy bzw. Plattenstation und ggf. dem Speichermedium (Diskette) ab. Diese Sy-
stemeigenschaften können per Software nicht verändert werden.

Hingegen stehen die Anzahl und die Lage der Sektoren in den Spuren unter Software-
kontrolle (*softsektoriert*). Diese Charakteristika der Diskette bzw. Platten werden beim
Formatieren festgelegt. Eine Festplatte läßt sich beim Formatieren in mehrere *Partitionen* unterteilen, wobei jeder Partition ein eigenes Betriebssystem zugewiesen werden
kann. Hingegen ist eine Diskette nur unter einem Betriebssystem lauffähig.

Seit der Vorstellung des ersten IBM PC im Jahre 1981 sind eine Vielzahl unterschied-
licher Disketten- und Plattenformate erschienen.

Aufzeichnungsformate

Auf jedem Datenträger werden neben den Datensektoren einige Sektoren für Verwaltungs-
zwecke belegt. In den *Verwaltungssektoren* stehen der *Urladereintrag* (*Boot Record*), die
Dateibelegungstabelle (*File Allocation Table* oder FAT) und die *Verzeichniseinträge*
(*Directories*).

Aufzeichnungsnotation

Die Bestimmung eines Sektors erfolgt unter BIOS und DOS in unterschiedlichen Nota-
tionen. Beim Aufruf einer BIOS-Routine ist die BIOS-Festlegung, beim Aufruf einer DOS-
Funktion die DOS-Notation zu berücksichtigen.

Im BIOS wird ein Sektor als dreidimensionale Koordinate aus *Spurnummer* (Zylinder-
nummer), *Seitennummer* (Kopfnummer) und *Sektornummer* festgelegt. Die Spur- und
Seitennumerierung beginnt bei 0, die Sektornumerierung bei 1. Die äußerste Spur trägt
die Nummer 0, die innerste Spur die höchste Nummer (abhängig vom Aufzeichnungsformat).

Unter DOS erfolgt die Sektorfestlegung durch zweidimensionale Koordinaten: *Seitennummer* und *Sektornummer*. Die Numerierung der Sektoren erfolgt fortlaufend vom
äußersten (Sektor 0) bis zum innersten Rand, wodurch sich die Angabe einer Spurnummer
erübrigt (im Gegensatz zum BIOS).

DOS-Spezifikationen können in BIOS-Koordinaten umgewandelt werden:

BIOS_Sektor = 1 + DOS_Sektornummer modulo Sektoren_pro_Seite

BIOS_Seite = (DOS_Sektornummer \ Sektoren_pro_Spur)

BIOS_Spur = DOS_Sektornummer \ (Sektoren_pro_Spur * Seitenanzahl)

Die Umwandlung der BIOS-Koordinaten in DOS-Sektornummern ist ebenfalls möglich:

DOS_Sektornummer = (BIOS_Sektor − 1) + BIOS_Seite
+ Sektoren_pro_Spur + BIOS_Spur * Sektoren_pro_Spur
+ Seitenanzahl

Urladereintrag

Beim Starten des Systems wird geprüft, ob im Primärlaufwerk ein Systemdatenträger vorliegt. Anschließend lädt das ROM-BIOS den *Urladereintrag* (*Boot Record*) aus Sektor 0
(Seite 0, Spur 0) und führt den darin enthaltenen Programmcode aus.

Das erste Byte im Urladereintrag enthält den Assemblerbefehl *JMP*, das zweite Byte die
Adresse (Offset), bei der der Programmcode beginnt. Die Bytes 3 bis 29 sind mit Daten
belegt.

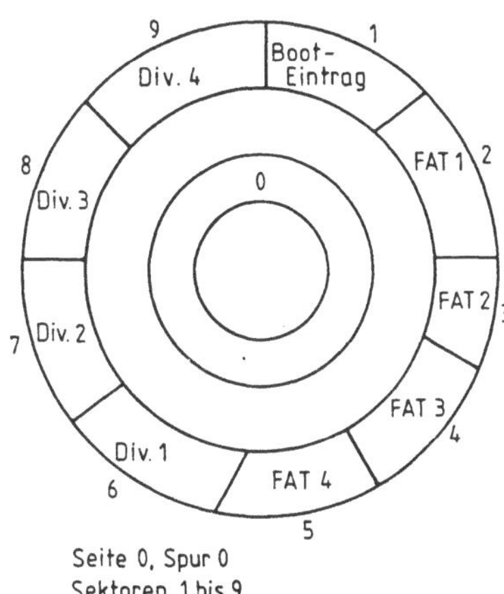

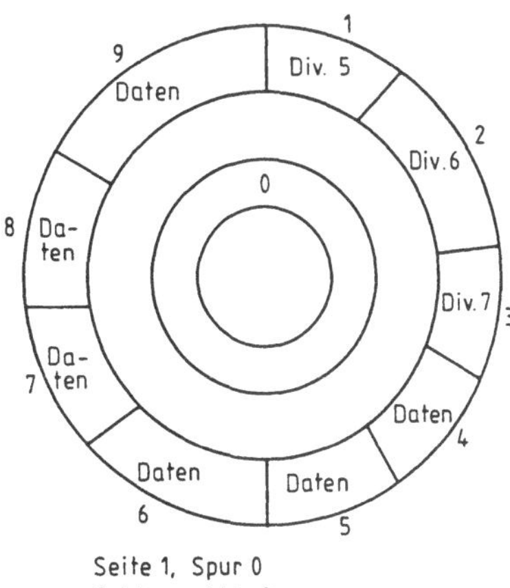

Verzeichniseinträge

Zu jeder Datei eines Datenträgers existiert ein Dateieintrag im *Dateiverzeichnis* (*Direc-
tory*). Der Verzeichniseintrag einer Datei enthält alle Informationen über die Beschaffen-
heit der Datei (Name, Umfang, Attribute etc.), jedoch nicht über die Verteilung der
Datei in Cluster auf dem Datenträger. Diese Information wird in der *Dateibelegungstabelle* (*File Allocation Table* oder FAT) abgelegt.

Ein Verzeichniseintrag belegt 32 Bytes, ein Sektor kann bis zu 16 Einträge aufnehmen. Die maximale Anzahl der Verzeichnissektoren und damit der Verzeichniseinträge hängt vom jeweiligen Datenträgerformat ab.

Zu den Dateiverzeichniseinträgen kommen Verzeichniseinträge für Unterverzeichnisse und für den Datenträgerkennsatz. Unterverzeichnisse werden in der Verzeichnisverwaltung ähnlich wie Dateien behandelt. Ein Unterverzeichnis kann beliebig viele andere Unterverzeichnisse aufnehmen.

Ein Verzeichniseintrag besteht aus acht Teilen mit insgesamt 32 Bytes.

Offset	Länge (Bytes)	Erklärung	Kodierung
0	8	Dateiname	ASCII-Zeichen
8	3	Namenerweiterung	ASCII-Zeichen
11	1	Attribute	Bit-Kodierung
12	10	unbenutzt	unbenutzt
22	2	Uhrzeit	kodiertes Wort
24	2	Datum	kodiertes Wort
26	2	Start-Cluster	Wort
28	4	Dateigröße	Ganzzahl

Die acht Teile werden im folgenden erläutert.

Dateiname

Der Dateiname kann aus maximal acht Zeichen bestehen, wobei nur Großbuchstaben verwendet werden sollten. Kürzere Namen werden mit Leerzeichen aufgefüllt. Leerzeichen im Dateinamen sind zu vermeiden, da die meisten DOS-Kommandos Namen mit Zwischenräumen nicht verarbeiten. Die DOS-Routinen können auf solche Namen allerdings problemlos zugreifen.

Enthält der Eintrag keinen Dateinamen, ist im ersten Byte des Namenfeldes folgende Kodierung zu finden:

0   ($00):   Eintrag unbenutzt (noch nie benutzt)
46   ($2E):   Unterverzeichnis
229 ($E5):   Eintrag gelöscht

Beim Löschen einer Datei wird das erste Byte des Namenfeldes auf $E5 gesetzt und die FAT-Kette entfernt. Die übrigen Informationen über die Datei bleiben im Eintrag erhalten.

Steht im ersten und zweiten Byte des Namenfeldes der Wert 46($2E), handelt es sich um das Vaterverzeichnis des aktuellen Unterverzeichnisses. In diesem Fall enthält das Start-Cluster-Wort (ab Offset 26) die Nummer des ersten Clusters des Vaterverzeichnisses.

Dateinamenerweiterung

Für die Dateinamenerweiterung stehen drei Bytes zur Verfügung. Kürzere Erweiterungen werden mit Leerzeichen aufgefüllt. Während im Dateinamenfeld mindestens ein Zeichen stehen muß, darf das Namenerweiterungsfeld leer gelassen werden.

Bei einem Datenträgerkennsatz werden das Dateinamen- und das Namenerweiterungsfeld als ein 11-byte-Bereich verwendet.

Dateiattribute

Im Attribute-Byte sind die Dateiattribute wie folgt kodiert:

Bit ... gesetzt	Erläuterung
0	nur lesen
1	verborgen
2	System
3	Datenträgerkennsatz
4	Unterverzeichnis
5	Archiv
6	unbenutzt
7	unbenutzt

Uhrzeit

Es wird die Zeit festgehalten, zu der die Datei das letztemal geändert oder neu angelegt wurde. Die Zeit wird als vorzeichenlose 2-byte-Ganzzahl gespeichert. Da dieser Platz für die vollständige Sekundenzählung nicht ausreicht, werden die Sekunden in Zweier-Einheiten abgelegt:

Uhrzeit = Stunden * 2048 + Minuten + 32 + Sekunden / 2

Datum

Es ist das Datum gespeichert, an dem die Datei das letztemal geändert oder angelegt wurde. Das Datum wird in zwei Bytes wie folgt abgelegt:

Datum = (Jahr−1980) + 512 + Monat * 64 + Tag

Start-Cluster

In dem Start-Cluster-Feld steht ein Zwei-Byte-Zeiger auf den ersten Daten-Cluster der Datei. Bei fehlenden Daten enthält das Feld den Wert Null.

Dateigröße

Im Dateigrößenfeld läßt sich eine Angabe von über 4 Gbyte unterbringen. Die mit DOS maximal verwaltbare Dateigröße beträgt allerdings 32 Kbyte.

Dateibelegungstabelle

Jede Diskette oder Festplatte besteht aus Sektoren, die zu Clustern zusammengefaßt sind. Die Anzahl der Sektoren pro Cluster ist durch das Aufzeichnungsformat vorgegeben. Die Speicherung der Dateien geschieht Cluster für Cluster. Je größer eine Datei ist, desto mehr Cluster belegt sie. Es ist nicht notwendig, daß alle zu einer bestimmten Datei gehörenden Cluster physikalisch direkt hintereinander liegen. Man spricht von *fragmentierten Dateien*.

Die logische Verknüpfung der zu einer Datei gehörenden Cluster wird in der *Dateibelegungstabelle* (*File Allocation Table* oder *FAT*) vorgenommen. Die FAT wird in zwei, vier oder noch mehr Sektoren des Datenträgers gespeichert (je nach Aufzeichnungsformat).

Bei den meisten Formaten steht die FAT aus Sicherheitsgründen doppelt auf der Diskette bzw. Platte.

Es gibt zwei unterschiedliche FAT-Arten: 12-bit- und 16-bit-Format. Eine 12-bit-FAT ist eine Tabelle mit bis zu 4.096 Einträgen, eine 16-bit-FAT kann bis zu 65.536 Einträge enthalten. Für jeden Cluster des Datenträgers wird ein Eintrag angelegt. Bei einer 12-bit-FAT belegt ein Eintrag genau drei hexadezimale Stellen, bei einer 16-bit-FAT genau vier Hex-Stellen.

Für jede Datei wird in der FAT eine Belegungstabelle angelegt. Im Dateiverzeichnis befindet sich ab Offset 26 ein 26-byte-Zeiger auf den ersten FAT-Eintrag der Datei. Dieser und die weiteren Einträge enthalten die Nummern der Cluster, die von der Datei belegt werden (die Cluster sind mit 2 beginnend durchnumeriert). Dabei können neben den Cluster-Nummern folgende Sonderwerte auftreten:

0: der Cluster ist nicht belegt und kann verwendet werden;
4087 ($FF7): der Cluster ist nicht benutzbar (beschädigt);
4095 ($FFF): es handelt sich um den letzten Cluster der Datei.

Die Werte 4081 ($FF1) bis 4086 ($FF6) deuten ebenfalls auf einen nicht verwendbaren Cluster hin, kommen aber selten vor. Bei der 16-bit-FAT lauten die entsprechenden Werte $FFF1 bis $FFF7.

Beim Löschen einer Datei werden die FAT-Einträge der entsprechenden Cluster auf 0 gesetzt. Die gespeicherten Daten und die meisten Verzeichnisinformationen werden nicht entfernt.

Die 12-byte-FAT wird auf dem Datenträger in einem kompakten Format gespeichert, um Platz zu sparen. Dabei werden jeweils zwei FAT-Einträge zu einem Paar zusammengefaßt und in drei Bytes abgelegt. Wenn das Paar beispielsweise $123 und $456 lautet, werden folgende drei Bytes auf dem Datenträger festgehalten: $23, $61 und $45.

Die 16-byte-FAT wird ohne weitere Kodierung in der Reihenfolge der Einträge auf dem Datenträger gespeichert.

Dateikontrollblöcke und Dateinummern

Die traditionellen DOS-Funktionen, die mit der DOS-Version 1 eingeführt wurden, sprechen Dateien über *Dateikontrollblöcke* (*File Control Blocks* oder FCB) an. Die mit der DOS-Version 2 vorgestellten Dateifunktionen greifen auf Dateien über *Dateinummern* zu.

Dateikontrollblöcke

Ein Dateikontrollblock oder FCB umfaßt 44 Bytes mit Informationen über die zugehörige Datei. Der FCB besteht aus zwei Hauptteilen: dem eigentlichen FCB mit 37 Bytes und dem erweiterten FCB mit sieben Bytes. Der erweiterte FCB ist ein quasi-optionaler Bereich *vor* dem eigentlichen FCB, er enthält spezielle Dateiattribute wie *verborgen* oder *System*. Die Offset-Numerierung des Dateikontrollblocks orientiert sich am Beginn des eigentlichen FCBs.

Offset	Länge (Bytes)	Erläuterung
−7	1	FF: erweiterter FCB-Teil ist aktiv
−6	5	unbenutzt
−1	1	Dateiattribute bei aktiver Erweiterung
0	1	Laufwerknummer
1	8	Datei- oder Gerätename
9	3	Dateinamenerweiterung
12	2	aktuelle Blocknummer
14	2	Datensatzlänge
16	4	Dateilänge (in Bytes)
20	2	Datum (wie im Verzeichnis bit-kodiert)
22	10	DOS-Arbeitsbereich
32	1	aktuelle Datensatznummer
33	4	Datensatznummer für wahlfreien Zugriff

Der Wert 255 ($FF) bei Offset − 7 signalisiert, daß eine Attributkodierung in Offset − 1 vorliegt. Die Kodierung entspricht der im Dateiverzeichnis, sie muß nur in den Fällen *verborgen*, *Verzeichnis* oder *System* angegeben werden.

Die Laufwerknummer ist ab Offset 0 wie folgt abgelegt: 0 entspricht dem aktuellen Laufwerk, 1 kennzeichnet Laufwerk A, 2 Laufwerk B usw.

Im Feld für den Dateinamen kann ein Standardgerätename untergebracht werden: CON, AUX, COM1, COM2, LPT1, LPT2, PRN oder NUL. DOS spricht in diesem Fall das Gerät anstelle einer Datei an. Bei der Angabe eines Dateinamens kann kein Zugriffspfad spezifiziert werden, da die Dateikontrollblöcke generell nicht mit Pfaden arbeiten.

Die Aufteilung einer Datei für sequentiellen Zugriff erfolgt anhand einer Blocknummer (ab Offset 12) und einer Datensatznummer (ab Offset 32). Ein Block enthält 128 Sätze. Die Numerierung beider Angaben beginnt bei 0. Vor der ersten sequentiellen Zugriffsoperation müssen Block- und Datensatzwert im FCB gesetzt werden. DOS stellt die Angaben nach jedem Zugriff automatisch einen Satz weiter.

Die ab Offset 14 festgelegte Datensatzlänge bestimmt das Sichtfenster des Anwendungsprogramms auf die Datei. Diese Angabe hat nichts mit der Speicherung der Datei auf dem Datenträger oder dem DOS-Zugriff zu tun.

Für wahlfreien Zugriff steht das Datensatzfeld ab Offset 33 zur Verfügung. Die Numerierung der Datensätze beginnt bei 0 in einer 4-byte-Ganzzahl. Die Länge der Sätze ist ab Offset 14 fest vorgegeben.

Dateinummern

Ab DOS 2 stehen für den Datei- und Gerätezugriff Dateinummern anstelle der Dateikontrollblöcke zur Verfügung. Bei Dateinummernzugriffen können neben Datei- auch Pfadnamen angegeben werden. Eine Dateinummer ist eine 16-bit-Ganzzahl, die von DOS einem bestimmten Gerät oder einer Datei zugeordnet werden. Alle Zugriffe erfolgen über den Aufruf von DOS-Routinen, wobei die Dateinummer in Register *AX* angegeben wird. Das Registerpaar *DS:DX* muß bei Aufruf einen Zeiger auf den String enthalten, in dem Pfad- und Dateiname stehen.

Folgende Dateinummern sind standardmäßig bereits vergeben:

Dateinummer	Standardvorgabe	Erläuterung
0	CON:	Standardeingabe (üblicherweise die Tastatur)
1	CON:	Standardausgabe (üblicherweise der Bildschirm)
2	CON:	Standardfehlerausgabe (immer der Bildschirm)
3	AUX:	Standardhilfseinheit (AUX-Einheit)
4	PRN:	Standarddrucker (LPT1: oder PRN:)

Aufzeichnungsformat

Medium	Format	ab DOS	Seiten	Sektoren	Spuren/ Zylinder	Sektoren pro Spur	Speicher- kapazität (.. byte)
Diskette	S-8	1.0	1	320	40	8	160 K
Diskette	D-8	1.11	2	640	40	8	320 K
Diskette	S-9	2.0	1	360	40	9	180 K
Diskette	D-9	2.0	2	720	40	9	360 K
Diskette	QD-9	3.0	2	1.440	80	9	720 K
Diskette	QD-15	3.0	2	2.400	80	15	1.200 K
Festplatte	XT	2.0	4	20.808	306	17	10 M
Festplatte	AT	3.0	4	41.820	615	17	20 M

Medium	Verwaltungssektoren				Daten- sektoren	Cluster	Cluster- numerierung	Sektoren pro Cluster
	Boot	FAT	Directory	Gesamt				
Diskette	1	2	4	7	323	313	2 bis 314	1
Diskette	1	2	7	10	630	315	2 bis 316	2
Diskette	1	4	4	9	351	351	2 bis 352	1
Diskette	1	4	7	12	708	354	2 bis 355	2
Diskette	1	10	7	18	1.422	711	2 bis 712	2
Diskette	1	14	14	29	2.371	2.371	2 bis 2.372	1
Festplatte	1	16	32	49	20.759	2.587	2 bis 2.588	8
Festplatte	1	82	64	147	41.673	5.193	2 bis 5.194	4

Anmerkungen

- Diskette: Die Formatbuchstaben D, S und Q kennzeichnen die Aufzeichnungsdichte: S (single sided), D (double sided) und Q (quad density), die Formatzahlen (8, 9, 15) die Sektoren pro Spur.
- Festplatte: Angegeben sind die Maximalwerte, durch die Aufteilung in Partitionen können die tatsächlichen Werte teilweise (z. B. FAT) beträchtlich darunter liegen.

DOS-Urladereintrag

Offset	Länge	Inhalt
3	8 Bytes	Systemkennzeichnung (z. B. IBM 2.1).
11	1 Wort	Anzahl Bytes pro Sektoren (z. B. 512 oder hex 200).
13	1 Byte	Anzahl Sektoren pro Cluster (z. B. 1 oder 2).
14	1 Wort	Anzahl reservierter Sektoren am Anfang.
16	1 Byte	Anzahl FAT-Kopien pro Datenträger (1 oder 2).
17	1 Wort	Max. Einträge im Stammdirectory (64 oder 112).
19	1 Wort	Gesamtanzahl der Sektoren.
21	1 Byte	Formatkennzeichen:

FF	D-8
FE	S-8
FD	D-9
FC	S-9
F9	QD-9/15

Offset	Länge	Inhalt
22	1 Wort	Anzahl Sektoren pro FAT.
24	1 Wort	Anzahl Sektoren pro Spur.
26	1 Wort	Anzahl der Seiten bzw. Magnetköpfe.
28	1 Wort	Anzahl gesondert reservierter Sektoren.

Grafik

Memory-Mapped-Speicherung

Die Speicherung von Bildschirmdarstellungen erfolgt im Hauptspeicher des Computers memory-mapped, das heißt, jeder Position auf dem Schirm entspricht eine Stelle im Speicher. Die Darstellungen werden aus Punkten oder Pixels aufgebaut. Die Anzahl der Pixel ist ein Maß für die Güte der Auflösung bzw. die Genauigkeit der Darstellung. Bei Textanzeigen werden jeweils die Pixel eines Zeichens zu einer Einheit (Zeichenbox) zusammengefaßt.

Als Schnittstelle zwischen Bildschirmspeicher und Anzeige dient der CRT-Controller, der den Bitstrom in Helligkeits- bzw. Farbsignale auf dem Schirm umsetzt. Der von der Kathodenstrahlröhre (Cathode Ray Rube) erzeugte Elektronenstrahl wird Pixelzeile für Pixelzeile über die phosphoreszierende Oberfläche der Bildschirmröhre gelenkt und entsprechend den im Speicher abgelegten Bitmuster hell oder dunkel getastet (ein- und ausgeschaltet). Man sagt, der Bildschirm wird gerastert (in Bildpunkte zerlegt).

Um ein konstantes Bild zu erzeugen, wird der Elektronenstrahl oder Rasterstrahl 60 mal pro Sekunde von links oben nach rechts unten in Pixelzeilen über den Bildschirm geführt. Dadurch werden Veränderungen im Bildschirmspeicher praktisch verzögerungslos zur Anzeige gebracht. Wenn der Rasterstrahl rechts unten angekommen ist, muß er mit einer einzigen vertikalen Bewegung in die Ecke links oben (die Ausgangsposition) gebracht werden. Man spricht vom vertikalen Rücklauf, die hierfür benötigte Zeit beträgt 1,25 Millisekunden. Während der Rücklaufzeit wird der Elektronenstrahl dunkelgetastet (abgeschaltet), so daß keine Informationen auf den Bildschirm geschrieben werden können.

Der Bildschirmspeicher wird sowohl von der CPU als auch vom CRT-Controller angesprochen: Die CPU legt Daten ab, die vom CRT-Controller ausgelesen und auf den Schirm gebracht werden. Wenn nun die CPU auf ein Byte zugreift, das im gleichen Moment vom Controller gelesen wird, erscheint auf dem Bildschirm ein Flimmern (Schnee). Das kann vermieden werden, indem die CPU nur während des vertikalen Strahlrücklaufs auf den Bildschirmspeicher zugreift (da in dieser Zeitspanne keine Informationen zur Anzeige gebracht werden). Die Rücklaufzeit läßt sich abfragen; beispielsweise ist beim Farbgrafikadapter in der Portadresse hex 3DA das Vertical Sync Bit während des Rücklaufs auf 1 gesetzt.

Bildschirmformate

Adapter

Mit der Erstvorstellung des IBM PC im Jahre 1981 wurden acht Formate für die Bildschirmdarstellung eingeführt. Heute gibt es 17 Anzeigemodi, die allerdings je nach Modell nur teilweise nutzbar sind.

Zur Bildschirmsteuerung sind Adapter erforderlich, wobei zwischen verschiedenen Adaptern zu unterscheiden ist:

- Monochromadapter für Textdarstellungen ohne Farbe;
- Farbgrafikadapter zur Anzeige von Texten mit maximal 16 Farben (Vordergrund) und Grafiken mit bis zu vier Farben;
- HR-Farbgrafikadapter für die Darstellungen von Texten und Grafik mit maximal 64 Farben (High Resolution);
- Professional Grafikadapter für höchstauflösende Grafikdarstellungen und bis zu 256 Farben.

Farben

Die Erzeugung der Farben auf dem Bildschirm erfolgt aus drei Grundfarben (rot, grün oder blau oder kurz RGB) und einer Helligkeits- oder Intensitätskomponente (I).

In der Mischfarbpalette finden sich 16 Farben, deren Numerierung von 0 bis 15 aus der Binärdarstellung der vier Farbkomponenten IRGB abgeleitet werden kann.

Farbnummer	Farbe	Farbbits[*]			
		I	R	G	B
0	Schwarz	0	0	0	0
1	Blau	0	0	0	1
2	Grün	0	0	1	0
3	Türkis	0	0	1	1
4	Rot	0	1	0	0
5	Magenta	0	1	0	1
6	Braun (oder dunkelgelb)	0	1	1	0
7	Hellgrau (oder weiß)	0	1	1	1
8	Dunkelgrau (oft schwarz)	1	0	0	0
9	Hellblau	1	0	0	1
10	Hellgrün	1	0	1	0
11	Helltürkis	1	0	1	1
12	Hellrot	1	1	0	0
13	Hellmagenta	1	1	0	1
14	Gelb (oder hellgelb)	1	1	1	0
15	Weiß	1	1	1	1

[*] I (Intensität), R (rot), G (grün), B (blau)

Hinweise zur Verwendung von Farben

Da die Grundkomponenten IRGB aktiv Licht auf dem Bildschirm erzeugen, gibt es Mischfarben, die heller und andere, die dunkler sind (je nach Anteil der Komponenten). Die Grundfarben selbst leuchten am stärksten.

Bei manchen Bildschirmmonitoren bleibt das Intensitätsbit wirkungslos, so daß einige an sich verschiedene Modi gleichartig werden (zum Beispiel die Modi 0 und 8).

Der Farbgrafikadapter ist nur zusammen mit einem RGB-Monitor verwendbar, ein Composite-Monochrommonitor erzeugt bei anderen Farben als schwarz (0) und weiß (7) unvorhersehbare Ausgaben.

Farbunterdrückende Modi

Die Bildschirmmodi 0, 2 und 5 heißen farbunterdrückende Modi, weil das Farbsignal in Grauabstufungen umgesetzt wird. Die Unterdrückung erfolgt jedoch nur am Composite-Ausgang des PC, nicht am RGB-Ausgang.

Modi mit 64 und 256 Farben

Mit dem HR-Farbgrafikadapter und einem entsprechenden Monitor können bis zu 64
Farben dargestellt werden. Die 64-Farbenpalette wird wie die 16-Farbenstandardpalette
aus den Grundkomponenten RGB (rot, grün und blau) zusammengesetzt, aber von jeder
Grundfarbe existiert eine hellere und eine dunklere Schattierung. Das ist nicht mit Inten-
sitätsunterschieden zu verwechseln, vielmehr stehen sechs getrennte, aktive Farbsignale
zur Verfügung). Man spricht von der RrGgBb-Palette, wobei die Großbuchstaben stell-
vertretend für die helleren und die Kleinbuchstaben für die dunkleren Farbsignale stehen.

Mit dem Professional Grafikadapter und einem passenden Monitor lassen sich höchstauflösende Grafiken mit bis zu 256 Farben darstellen.

Textmodi

Speicherung und Anzeigeattribute

In den Textmodi gehören zu jeder Zeichenposition auf dem Bildschirm zwei Bytes im
Speicher. Das erste Byte enthält den ASCII-Code des Zeichens, das zweite die Anzeige-
attribute. Folgende Attribute sind möglich:

● Vordergrundfarbe: die Farbe des Zeichens kann aus der 16-Farbenpalette gewählt
werden;
● Hintergrundfarbe: die Farbe der nicht zum Zeichen gehörenden Pixel in der Zeichenbox ist aus der 8-Farbenpalette (ohne gesetztes Intensitätsbit, das heißt, die Farben
0 bis 7) zu bestimmen;
● Blinkeigenschaft.

Die Codierung der Attribute erfolgt im Attributbyte gemäß nachstehender Tabelle, die
Bits können unabhängig voneinander gesetzt werden. Die Standardvorgabe von DOS ist
weiß (7) auf schwarz (0) ohne blinken.

Bit ... gesetzt	Erläuterung
0	Blaukomponente für Vordergrund
1	Grünkomponente für Vordergrund
2	Rotkomponente für Vordergrund
3	Intensitätskomponente für Vordergrund
4	Blaukomponente für Hintergrund
5	Grünkomponente für Hintergrund
6	Rotkomponente für Hintergrund
7	Blinken des Vordergrundzeichens.

Besonderheiten im Monochrommodus

Da im Monochrommodus lediglich Schwarzweiß-Darstellungen möglich sind, bewirken nur die folgenden „Farbkombinationen" im Attributbyte eine vom Standard (weiß auf schwarz) unterscheidbare Anzeige:

- Durch die Vordergrundfarbe blau (Bit 0 gesetzt) und die Hintergrundfarbe schwarz (Bits 4, 5 und 6 nicht gesetzt) wird die Unterstreichung von Zeichen verursacht.
- Die Vordergrundfarbe schwarz (Bits 0, 1 und 2 nicht gesetzt) und die Hintergrundfarbe weiß (Bits 4, 5 und 6 gesetzt) bewirken eine inverse Darstellung.
- Wenn alle Bits des Attributbytes nicht gesetzt sind, werden unsichtbare Zeichen (schwarz auf schwarz) auf dem Bildschirm ausgegeben.

Verwaltung von Textseiten

Die Textmodi 0 und 1 belegen nur 2 Kbyte, die Textmodi 2 und 3 nur 4 Kbyte Speicherbereich. Da der Bildschirmspeicher eine Kapazität von 16 Kbyte aufweist, kann er mehrere Anzeigeseiten dieser Modi aufnehmen, wobei auf dem Bildschirm nur jeweils eine Seite dargestellt wird. Durch Umschalten lassen sich die Seiten nacheinander anzeigen. Die Aufteilung der Seiten ist aus folgender Tabelle ersichtlich:

Seitennummer	Modi 0 und 1 2 KB Beginn	Modi 2 und 3 4 KB Beginn
0	B800	B800
1	B880	B900
2	B900	BA00
3	B980	BB00
4	BA00	
5	BA80	
6	BB00	
7	BB80	

Zur Aktivierung einer Anzeigeseite muß die Startadresse durch den 6845-Controller geändert werden. Üblicherweise geschieht dies mit Interrupt 16 bzw. hex 10 (BIOS-Bildschirmroutine 5).

Grafikmodi

Speicherung

Während in den Textmodi die Zeichen im ASCII-Code gespeichert werden, sind die Pixels in den Grafikmodi als Bitfolgen im Bildschirmspeicher abgelegt. Jedem Pixel ist ein Bit zugeordnet. Die Pixelzeilen sind als Bits blockweise zusammengefaßt. In den Modi 4, 5, und 6 (Grafikmodi des Farbgrafikadapters) gibt es zwei Blöcke, von denen der erste die geradzahligen Zeilen (0, 2, 4 ... 198) und der zweite die ungradzahligen Zeilen (1, 3, 5 ... 199) umfaßt. Die Bits eines Blocks folgen unmittelbar aufeinander, jeder Block beginnt an einer geraden Kbyte-Grenze.

In den Modi 4 und 5 (vier Farben) dienen jeweils zwei aufeinanderfolgende Bits der Farbsetzung eines Pixels, im Modus 6 (zwei Farben) entspricht jedem Pixel genau ein Bit.

Farben

Für die Grafikmodi, die weniger als 16 Farben umfassen, existieren vorgegebene Farbpaletten, die eine Auswahl aus der 16-Farbenstandardpalette enthalten. Eine Änderung der Paletten ist nur beim HR-Farbgrafikadapter möglich.

Im Zweifarbenmodus 6 gibt es nur eine Farbpalette:

Bit	Farbe
0	schwarz
1	weiß

In den Vierfarbenmodi 4 und 5 stehen zwei Farbpaletten zur Auswahl:

	Palette 1			Palette 2	
Wert	Bits	Farbe	Wert	Bits	Farbe
0	00	schwarz (Standard)	0	00	schwarz (Standard)
1	01	grün	1	01	türkis
2	10	rot	2	10	magenta
3	11	braun	3	11	weiß

Bei Textzeichen wird die Bitkombination 11 als Vordergrund- und die Bitkombination 00 als Hintergrundfarbe genommen.

In den Grafikmodi 13 und 14 steht die gesamte 16-Farbenstandardpalette zur Verfügung.

DOS-Routinen

Für den Aufruf der DOS-Routinen stehen neun Interrupts zur Verfügung:

Interrupt		Erklärung
32	$20	Programm beenden (Funktion 0)
33	$21	Aufruf der DOS-Funktionen
34	$22	Adreßinterrupt: Startadresse nach Programmende
35	$23	Adreßinterrupt: Sprung bei Tastaturunterbrechung
36	$24	Adreßinterrupt: Sprung bei kritischem Fehler
37	$25	Absolutes Lesen von Diskette/Festplatte
38	$26	Absolutes Schreiben auf Diskette/Festplatte
39	$27	Programm beenden und im Speicher verbleiben
47	$2F	Steuerung des Druckerspoolers (ab DOS 3.0)

Während die Interrupts 32; 34 bis 39 und 47 klar umrissenen Aufgaben dienen, fungiert Interrup 33 als ,,Sprungverteiler'' für eine Vielzahl von DOS-Funktionen. Zur Wahl einer bestimmten Funktion muß der Funktionswert beim Aufruf von Interrupt 33 in Register *AH* spezifiziert werden.

Nachfolgend sind die über Interrupt 33 erreichbaren DOS-Routinen nach Funktionsnummern geordnet aufgelistet. Die Angabe einer DOS-Versionsnummer bedeutet, daß die betreffende Routine erst ab der entsprechenden DOS-Version zur Verfügung steht. Ein Beispiel: DOS 3 heißt, daß die Funktion unter DOS 1 und 2 nicht angesprochen werden kann. Neben einer kurzen Erklärung sind zu jeder Routine die benötigten Ein- und Ausgaberegister zur Parameterübergabe angegeben. Eingabe bedeutet in diesem Zusammenhang, daß der DOS-Routine Werte übergeben werden, Ausgabe, daß die Routine Funktionswerte liefert.

AH fungiert stets als Eingaberegister zur Auswahl einer bestimmten Routine (der Funktionscode ist in der Tabelle unter Routine aufgelistet). Beispiel: Der Aufruf von Interrupt 33 mit dem Wert 3 in Register *AH* bewirkt die Ausführung der Routine Serielle Eingabe.

Hinweis: Die Funktionen 24 und 29 bis 32 dienen DOS-internen Zwecken und sollten von Programmen nicht aufgerufen werden.

Routine	Funktion	Eingabe	Ausgabe	DOS
0 $00	Programm beenden			1

Das Programm wird beendet und die Kontrolle an DOS übergeben. Offene Dateien werden nicht geschlossen. Die Routine ist funktionell identisch mit Interrupt 32. Ab DOS 2.0 steht die überarbeitete Funktion 76 ($4C) zur Verfügung.

Routine	Funktion	Eingabe	Ausgabe	DOS
1 $01	Tastatureingabe mit Echo		*AL:* eingegebenes Zeichen	1

Die Funktion wartet auf eine Tastatureingabe. Bei Eingabe eines ASCII-Zeichens wird dessen Code in AL geladen, bei Eingabe eines anderen Zeichens werden zwei Bytes generiert (Haupt- und Hilfsbyte), die durch zwei aufeinanderfolgende Aufrufe der Funktion zu lesen sind.

Routine	Funktion	Eingabe	Ausgabe	DOS
2 $02	Bildschirmausgabe	*DL:* auszugebendes Zeichen		1

Es wird ein einzelnes Zeichen auf das Standardausgabegerät ausgegeben.

Routine	Funktion	Eingabe	Ausgabe	DOS
3 $03	Serielle Eingabe		*AL:* eingegebenes Zeichen	1

Es wird ein Zeichen vom Standardhilfsgerät gelesen.

Routine	Funktion	Eingabe	Ausgabe	DOS
4 $04	Serielle Ausgabe	*DL:* auszugebendes Zeichen		1

Es wird ein Zeichen auf dem Standardhilfsgerät ausgegeben.

Routine	Funktion	Eingabe	Ausgabe	DOS
5 $05	Druckerausgabe	*DL:* auszugebendes Zeichen		1

Es wird ein Zeichen auf dem Standarddrucker ausgegeben. Mit MODE läßt sich ein anderer Drucker spezifizieren.

Routine	Funktion	Eingabe	Ausgabe	DOS
6 $06	Direkte Tastatur/ Bildschirm-Ein-/ Ausgabe	*DL:* 0-254: auszugebendes Zeichen; 255: Eingabe	*AL:* eingegebenes Zeichen	1

Entweder wird das in *DL* stehende Zeichen ausgegeben oder (bei *DL* gleich 255) ein Zeichen eingelesen. Die Routine wartet nicht auf eine Eingabe.

Routine	Funktion	Eingabe	Ausgabe	DOS
7 $07	Direkte Tastatureingabe ohne Echo		*AL:* eingegebenes Zeichen	1

Es wird auf eine Eingabe gewartet, das Zeichen wird nicht auf dem Bildschirm dargestellt (ohne Echo). Eine Betätigung der Break-Taste wird nicht bearbeitet.

Routine	Funktion	Eingabe	Ausgabe	DOS
8 $08	Tastatureingabe ohne Echo		*AL:* eingegebenes Zeichen	1

Die Routine wartet auf eine Eingabe, die Betätigung der Break-Taste wird bearbeitet. Die Funktion arbeitet ähnlich wie Routine 1, das Zeichen wird aber nicht auf dem Bildschirm dargestellt.

Routine	Funktion	Eingabe	Ausgabe	DOS
9 $09	Zeichenkette darstellen	*DS:DX:* Zeiger auf Ausgabestring		1

Die Ausgabe der Zeichenkette erfolgt auf das Standardausgabegerät. Das Stringende muß durch das Zeichen "$" (Code 36) gekennzeichnet sein.

Routine	Funktion	Eingabe	Ausgabe	DOS
10 $0A	Gepufferte Tastatureingabe	*DS:DX:* Zeiger auf Eingabepuffer		1

Die Routine liest einen vollständigen String ein. Während der Eingabe kann der Benutzer die DOS-Editierfunktionen nutzen. Das Stringende ist durch den Code 13 gekennzeichnet. Zur Ablage der Zeichenkette wird ein Eingabepuffer benötigt.

Routine	Funktion	Eingabe	Ausgabe	DOS
11 $0B	Tastatureingabestatus prüfen		*AL:* Zeichen vorhanden; 0: kein Zeichen	1

Es wird geprüft, ob am Standardeingabegerät ein Zeichen zum Einlesen vorliegt.

Routine	Funktion	Eingabe	Ausgabe	DOS
12 $0C	Tastaturpuffer löschen und Funktion ausführen	*DL:* auszugebendes Zeichen *AL:* Funktioncode (1, 6, 7, 8 oder 10)		1

Routine	Funktion	Eingabe	Ausgabe	DOS

Nach dem Löschen des Tastaturpuffers wird die in *AL* spezifizierte DOS-Eingaberoutine angesprungen.

| 13 $0D | Laufwerks-Reset | | | 1 |

Neben dem Reset werden alle Dateipuffer gelöscht. Zuvor sollten die Routinen 16 oder 62 zum Schließen der Dateien aufgerufen werden.

| 14 $0E | Standardlaufwerk bestimmen | *DL:* Laufwerk-nummer | *AL:* Anzahl der Laufwerke | 1 |

Das angegebene Laufwerk wird als Standardlaufwerk festgelegt: Der Wert 0 entspricht Laufwerk A, der Wert 1 Laufwerk B usw.

| 15 $0F | Datei öffnen | *DS:DX:* Zeiger auf FCB | *AL:* Statuscode | 1 |

Die Funktion öffnet eine Datei über den Dateikontrollblock (File Control Block). Die Datei muß bereits existieren. DOS setzt die Datensatzlänge mit 128 ($80) fest.

| 16 $10 | Datei schließen | *DS:DX:* Zeiger auf FCB | *AL:* Statuscode | 1 |

Die durch den Dateikontrollblock FCB spezifizierte Datei wird geschlossen.

| 17 $11 | Nach erster passender Datei suchen | *DS:DX:* Zeiger auf FCB | *AL:* Statuscode | 1 |

Die Routine sucht im aktuellen Dateiverzeichnis nach der ersten Datei, die den Spezifikationen des Dateikontrollblocks FCB genügt. Der Dateiname darf die Dateigruppenzeichen "?" und "*" enthalten. Beim Auffinden einer passenden Datei schreibt DOS den Namen in den FCB und bereitet damit das Öffnen der Datei vor. Für die Suche nach weiteren passenden Dateien steht Funktion 18 ($12) zur Verfügung.

| 18 $12 | Nach nächster passender Datei suchen | *DS:DX:* Zeiger auf FCB | *AL:* Statuscode | 1 |

Es wird nach der nächsten Datei gesucht, die den durch Funktion 17 ($11) vorgegebenen Spezifikationen genügt.

| 19 $13 | Datei löschen | *DS:DX:* Zeiger auf FCB | *AL:* Statuscode | 1 |

Die durch den Dateikontrollblock FCB festgelegte Datei wird gelöscht.

| 20 $14 | Datensatz sequentiell lesen | *DS:DX:* Zeiger auf FCB | *AL:* Statuscode auf FCB | 1 |

Die Routine liest den durch das Datensatzadreßfeld im Dateikontrollblock FCB vorgegebenen nächsten Datensatz in den Diskettentransferbereich DTA. DOS erhöht die Datensatzadreßfelder nach jedem Lesevorgang automatisch.

| 21 $15 | Datensatz sequentiell schreiben | *DS:DX:* Zeiger auf FCB | *AL:* Statuscode auf FCB | 1 |

Die Routine schreibt die im Diskettentransferbereich DTA stehenden Daten in den durch das Datensatzadreßfeld im Dateikontrollblock FCB vorgegebenen nächsten Datensatz. DOS erhöht die Datensatzadreßfelder nach jedem Schreibvorgang automatisch. Die Daten werden bis zur Länge eines Sektors gepuffert.

Routine	Funktion	Eingabe	Augabe	DOS
22 $16	Datei anlegen	*DS:DX:* Zeiger auf FCB	*AL:* Statuscode	1

Es wird eine neue Datei mit den im Dateikontrollblock FCB vorgegebenen Spezifikationen angelegt. Existiert bereits eine Datei des gleichen Namens, wird sie durch die neue überschrieben; der Inhalt geht verloren. Daher eignet sich die Funktion am besten für Ausgabedateien, während für Eingabedateien zumeist Funktion 15 ($F) eingesetzt wird. Ab DOS 2.00 stehen zum Öffnen von Dateien die Funktionen 60 ($3C) und 61 ($3D) zur Verfügung, die im Unterschied zu den Funktionen 15 ($F) und 22 ($16) die Verwendung von Pfadnamen erlauben.

Routine	Funktion	Eingabe	Augabe	DOS
23 $17	Datei umbenennen	*DS:DX:* Zeiger auf FCB	*AL:* Statuscode	1

Der neue Name der Datei muß im Dateikontrollblock FCB ab Offset 16 stehen (üblicherweise das Längenfeld). Laufwerk und alter Dateiname befinden sich an den normalen Positionen. Enthält der neue Name Dateigruppenzeichen ("?" oder "*"), werden an diesen Stellen die Zeichen des alten Namens übernommen.

Routine	Funktion	Eingabe	Augabe	DOS
25 $19	Standardlaufwerk feststellen		*AL:* Laufwerknummer	1

Es wird gemeldet, welches Laufwerk als Standardlaufwerk festgelegt ist: 0 entspricht Laufwerk A, 1 Laufwerk B usw.

Routine	Funktion	Eingabe	Augabe	DOS
26 $1A	Diskettentransferbereich (DTA) festlegen	*DS:DX:* Zeiger auf DTA		1

Durch die Routine wird die Position des DTA (disk transfer area) im Hauptspeicher festgelegt.

Routine	Funktion	Eingabe	Augabe	DOS
27 $1B	FAT-Informationen des Standardlaufwerks lesen		*AL:* Sektoren pro Cluster *CX:* Bytes pro Sektor *DX:* Anzahl der Cluster *DS:* BX: Zeiger auf FAT-Formatbyte	1

Die Funktion liefert Informationen über das Format des Standardlaufwerks.

Routine	Funktion	Eingabe	Augabe	DOS
28 $1C	FAT-Informationen eines beliebigen Laufwerks lesen	*DL:* Laufwerknummer	*AL:* Sektoren pro Cluster *CX:* Bytes pro Sektor *DX:* Anzahl der Cluster *DS:DX:* Zeiger auf FAT-Formatbyte	1

Die Funktion liefert Informationen über das Format eines Laufwerks. Die Laufwerk-numerierung ist ungewöhnlich: 0 entspricht dem Standardlaufwerk, 1 Laufwerk A, 2 Laufwerk B usw.

Routine	Funktion	Eingabe	Ausgabe	DOS
33 $21	Datensatz wahlfrei lesen	*DS:DX:* Zeiger auf FCB	*AL:* Statuscode	1

Es wird der im Feld für wahlfreien Zugriff im Dateikontrollblock FCB spezifizierte Datensatz in den Diskettentransferbereich DTA gelesen. Zum wahlfreien Lesen mehrerer Datensätze steht die Funktion 39 ($27) zur Verfügung.

| 34 $22 | Datensatz wahlfrei schreiben | *DS:DX:* Zeiger auf FCB | *AL:* Statuscode | 1 |

Die Daten im Diskettentransferbereich DTA werden in den durch das Feld für wahlfreien Zugriff im Dateikontrollblock FCB spezifizierten Datensatz übertragen. Zum wahlfreien Schreiben mehrerer Datensätze steht die Funktion 40 ($28) zur Verfügung.

| 35 $23 | Dateilänge feststellen | *DS:DX:* Zeiger auf FCB | *AL:* Statuscode | 1 |

Die Routine liefert die Anzahl der in der durch den Dateikontrollblock FCB spezifizierten Datei enthaltenen Datensätze (ausgehend von der Datensatzlänge im entsprechenden FCB-Feld).

| 36 $24 | Feld für wahlfreien Zugriff setzen | *DS:DX:* Zeiger auf FCB | | 1 |

Das Feld für wahlfreien Zugriff im Dateikontrollblock FCB wird auf den im FCB-Feld für sequentiellen Zugriff festgelegten Datensatz gesetzt. Dadurch wird das Umschalten von sequentiellem auf wahlfreien Zugriff erleichtert.

| 37 $25 | Interruptvektor setzen | *AL:* Interrupt-nummer *DS:DX:* Interrupt-vektor | | 1 |

Die Funktion erlaubt das Einrichten eines Interruptvektors ohne die üblichen Schutz-maßnahmen bei Interruptveränderungen.

| 38 $26 | Programmsegment anlegen | *DX:* Segment-adresse | | 1 |

Die Routine wird als Vorbereitung für ein zu ladendes Programm aufgerufen. In die ersten 256 Bytes des Segmentes wird das Programmsegmentpräfix (PSP) des aktuellen Programms kopiert. Das neue Programm muß unmittelbar dahinter geladen werden.

| 39 $27 | Datensätze wahlfrei lesen | *CX:* Anzahl der Datensätze *DS:DX:* Zeiger auf FCB | *AL:* Statuscode *CX:* Anzahl der ge-lesenen Daten-sätze | 1 |

Es werden der im Feld für wahlfreien Zugriff im Dateikontrollblock FCB spezifizierte Datensatz und die sequentiell nachfolgenden Sätze (Anzahl in CX festgelegt) in den Diskettentransferbereich DTA gelesen.

Routine	Funktion	Eingabe	Ausgabe	DOS
40 $28	Datensätze wahlfrei schreiben	*CX:DX:* Anzahl der Datensätze *DS:DX:* Zeiger auf FCB	*AL:* Statuscode *CX:* Anzahl der geschriebenen Datensätze	1

Die Daten im Diskettentransferbereich DTA werden in den durch das Feld für wahlfreien Zugriff im Dateikontrollblock FCB spezifizierten Datensatz und die sequentiell nachfolgenden Sätze (Anzahl in *CX* festgelegt) übertragen. Beim Aufruf mit dem Wert 0 in Register *CX* schneidet DOS alle auf den spezifizierten Datensatz folgenden Sätze von der Datei ab und gibt sie frei.

Routine	Funktion	Eingabe	Ausgabe	DOS
41 $29	Dateiname durchsuchen	*AL:* Suchspezifikation *DS:SI:* Zeiger auf Kommandozeile *ES:DI:* Zeiger auf FCB	*AL:* Statuscode *DS:SI:* Zeiger auf Zeichen nach dem Dateinamen *ES:DI:* Zeiger auf FCB	1

Die Funktion durchsucht eine DOS-Kommandozeile nach einem Dateinamen des Formats Laufwerk:Dateiname:Erweiterung und legt bei Vorhandensein eines Namens einen entsprechenden Dateikontrollblock FCB an. Pfadnamen werden nicht bearbeitet. Die Bits 0 bis 3 im Register *AL* steuern den Suchprozeß:

Bit ... gesetzt	Erläuterung
0	Trennzeichen werden bei der Suche übergangen.
1	Ist der Dateiname ohne Laufwerksangaben, wird die Vorgabe im FCB übernommen.
2	Der Dateiname im FCB bleibt unverändert, falls in der Kommandozeile kein Name gefunden wird.
3	Die Dateinamenerweiterung in FCB wird nur geändert, wenn in der Kommandozeile eine Erweiterung gefunden wird.

Routine	Funktion	Eingabe	Ausgabe	DOS
42 $2A	Datum lesen		*AL:* Wochentag *CX:* Jahr *DH:* Monat *DL:* Tag	1

Das Datum wird aus dem DOS-Systemeintrag gelesen. Der Wochentag wird als Zahl zwischen 0 (Sonntag) und 6 (Samstag) gemeldet. Die Tagesangabe kann zwischen 1 und je nach Monat 28, 29, 30 oder 31 liegen, die Monatsangabe zwischen 1 und 12. Als Jahreszahlen sind Werte von 1980 bis 2099 möglich.

Routine	Funktion	Eingabe	Ausgabe	DOS
43 $2B	Datum einstellen	*CX:* Jahr *DH:* Monat *DL:* Tag	*AL:* Statuscode	1

Die Funktion dient zum Stellen des DOS-Systemdatums. Einzelheiten finden Sie unter Funktion 42 ($2A) erläutert.

Routine	Funktion	Eingabe	Ausgabe	DOS
44 $2C	Tageszeituhr lesen		*CH:* Stunden *CL:* Minuten *DH:* Sekunden *DL:* Hundertstel Sekunden	1

Die Zeit wird aus dem Systemtakt mit einer Genauigkeit von etwa 1/20 Sekunden errechnet. Die Angabe der hundertstel Sekunden ist daher bedeutungslos. Die Uhr läuft von 0 Uhr (Mitternacht) bis 23:59 Uhr.

Routine	Funktion	Eingabe	Ausgabe	DOS
45 $2D	Tageszeituhr einstellen	*CH:* Minuten *CL:* Minuten *DH:* Sekunden *DL:* Hundertstel Sekunden		1

Die Routine erlaubt das Verändern der DOS-Systemuhr. Hinweise dazu finden Sie unter Funktion 44 ($2C).

Routine	Funktion	Eingabe	Ausgabe	DOS
46 $2E	Diskettenschreib- verifikation aktivieren	*AL:* Schreibveri- fikation: 0: inaktiv; 1: aktiv *DL:* 0		1

Mit der Funktion läßt sich festlegen, ob nach jeder Schreiboperation automatisch ein Lesevorgang zur Überprüfung der geschriebenen Daten eingeleitet werden soll. Geprüft wird allerdings nicht der Inhalt, sondern nur die Parität (CRC-Test).

Routine	Funktion	Eingabe	Ausgabe	DOS
47 $2F	Adresse des Disketten- transferbereichs (DTA) feststellen		*AX:* Statuscode *ES:BX:* Zeiger auf DTA	2

Im Registerpaar *ES:BX* wird ein Zeiger auf die Anfangsposition des DTA im Hauptspeicher eingerichtet. Zum Anlegen des DTA steht die Routine 26 ($1A) zur Verfügung.

Routine	Funktion	Eingabe	Ausgabe	DOS
48 $30	DOS-Version feststellen		*AL:* Nummer vor dem Punkt *AH:* Nummer hinter dem Punkt	2

Die gemeldete DOS-Versionsbezeichnung setzt sich aus zwei Teilen zusammen, beispielsweise 2.10. Bei Aufruf der Routine unter DOS 1 wird in Register *AL* der Wert 0 geliefert.

Routine	Funktion	Eingabe	Ausgabe	DOS
49 $31	Erweitertes Beenden und im Speicher verbleiben (KEEP)	*AL:* Statuscode *DX:* Segment- adresse des ersten zu löschenden Segments	*AX:* Statuscode	2

Die Routine arbeitet ähnlich wie Funktion 39 ($27), hinterläßt aber zusätzlich einen Wert in Register *AL*. Der Wert kann durch ERRORLEVEL im DOS-Batchbetrieb gelesen werden.

Routine	Funktion	Eingabe	Ausgabe	DOS
51 $33	Ctrl-Break-Abfrage durchführen oder festlegen	*AL:* 0: abfragen; 1: festlegen *DL:* 0: inaktiv 1: aktiv	*AX:* Statuscode *DL:* Ctrl-Break-Status: 0: inaktiv 1: aktiv	2

Ab DOS 2.0 läßt sich die Ctrl-Break-Abfrage durch das DOS-Kommando BREAK oder durch die DOS-Funktion 51 ($33) aktivieren, so daß ein laufendes Programm bei Betätigung der Unterbrechungstasten sofort gestoppt wird.

Routine	Funktion	Eingabe	Ausgabe	DOS
53 $35	Interruptvektor feststellen	*AL:* Interrupt-nummer	*AX:* Statuscode *ES:BX:* Interrupt-vektor	2

Die Routine liefert zu einer gegebenen Interruptnummer den zugehörigen Vektor.

Routine	Funktion	Eingabe	Ausgabe	DOS
54 $36	Freie Disketten-kapazität feststellen	*DL:* Laufwerks-nummer	*AX:* Sektoren pro Cluster *BX:* Anzahl verfüg-barer Cluster *CX:* Bytes pro Sektor *DX:* Gesamtzahl der Cluster	2

Die beim Aufruf zu spezifizierende Laufwerksnumerierung weicht von der üblichen DOS-Zuordnung ab: 0 entspricht dem Standardlaufwerk, 1 Laufwerk A, 2 Laufwerk B usw. Ein Fehler wird durch $FFFF in Register *AX* signalisiert.

Routine	Funktion	Eingabe	Ausgabe	DOS
56 $38	Landesabhängige Informationen lesen	*DS:DX:* Zeiger auf 32-byte-Bereich *AL:* 0: Standard-informationen oder *AL:* Landescode oder *AL:* 255, wenn Landescode > 255 *BX:* Landescode, wenn *AL* = 255	*AX:* Statuscode *DS:DX:* Zeiger auf 32-byte-Bereich, der die Landes-informationen enthält	2

DOS enthält eine Tabelle mit landesspezifischen Daten (Uhrzeit- und Datumsformat, Dezimalzeichen etc.). Unter DOS 2 können nur die Informationen für ein bestimmtes Land ausgelesen werden (*AL* muß beim Aufruf den Wert 0 enthalten), während unter DOS 3 Informationen über alle berücksichtigten Länder zur Verfügung stehen (Ländercode in *AL* bzw. bei über 254 Ländern in *BX* mit *AL* gleich 255).

Unter DOS 2 werden folgende Daten im 32-byte-Bereich gemeldet:

Routine	Funktion	Eingabe	Ausgabe	DOS

Offset	Bytes	Erklärung
0	2	Datums- und Zeitcode. Die Zeit wird stets im Format hh:mm:ss (Stunden, Minuten und Sekunden) dargestellt, für das Datum gilt (T: Tag, M: Monate, J: Jahr): 0: M-T-J (amerikanisches Format) 1: T.M.J (europäisches Format) 2: J-M-T (japanisches Format)
2	2	Währungssymbol als ASCIIZ-String
4	2	Tausendertrennzeichen als ASCIIZ-String
6	2	Dezimalzeichen als ASCIIZ-String
8	24	Unbenutzt, frei für zukünftige DOS-Versionen

Die Kodierung in DOS 3 ist abweichend:

Offset	Byte	Erklärung
0	2	Datums- und Zeitcode (wie unter DOS 2)
2	5	Währungssymbol als ASCIIZ-String (z. B. "DM")
7	2	Tausendertrennzeichen als ASCIIZ-String
9	2	Dezimalzeichen als ASCIIZ-String
11	2	Datumstrennzeichen als ASCIIZ-String
13	2	Zeittrennzeichen als ASCIIZ-String
15	1	Position des Währungssymbol (0: hinter der Zahl; 1: vor der Zahl)
16	1	Anzahl der Dezimalstellen (bei Währungsbeträgen)
17	1	Uhr: 0: 12-Stunden-Uhr; 1: 24-Stunden-Uhr
18	4	Festlegung von Groß-/Kleinschreibung (segmentierte Adresse auf eine entsprechende Routine)
22	2	Listentrennzeichen als ASCIIZ-String (z. B. ",")
24	8	Unbenutzt, frei für zukünftige DOS-Versionen

Routine	Funktion	Eingabe	Ausgabe	DOS
57 $39	Unterverzeichnis anlegen (MKDIR)	*DS:DX:* Zeiger auf ASCIIZ-String	*AX:* Statuscode	2

Es wird ein Unterverzeichnis (Subdirectory) mit dem im ASCIIZ-String spezifizierten Pfadnamen angelegt.

Routine	Funktion	Eingabe	Ausgabe	DOS
58 $3A	Unterverzeichnis löschen (RMDIR)	*DS:DX:* Zeiger auf ASCIIZ-String	*AX:* Statuscode	2

Das durch den Pfadnamen im ASCIIZ-String spezifizierte Unterverzeichnis wird gelöscht. Verzeichnisse, die Dateien oder Unterverzeichnisse enthalten, lassen sich nicht löschen, ebensowenig das aktuelle Verzeichnis.

Routine	Funktion	Eingabe	Ausgabe	DOS
59 $3B	Aktuelles Verzeichnis ändern (CHDIR)	*DS:DX:* Zeiger auf ASCIIZ-String	*AX:* Statuscode	2

Das durch den Pfadnamen im ASCIIZ-String spezifizierte Verzeichnis wird zum aktuellen Verzeichnis.

Routine	Funktion	Eingabe	Ausgabe	DOS
60 $3C	Datei anlegen (CREAT)	*CX:* Dateiattribute *DS:DX:* Zeiger auf ASCIIZ-String	*AX:* Dateinummer oder Statuscode	2

Die Funktion öffnet eine existierende Datei des im ASCIIZ-String festgelegten Namens (einschließlich Pfad) oder legt (falls keine Datei dieses Namens vorhanden ist) eine neue Datei an. Die Routine entspricht der Funktion 22 ($16) unter DOS 1.

Routine	Funktion	Eingabe	Ausgabe	DOS
61 $3D	Datei öffnen	*AL:* Zugriffscode *DS:DX:* Zeiger auf ASCIIZ-String	*AX:* Dateinummer oder Statuscode	2

Beim Öffnen der durch den ASCIIZ-String spezifizierten Datei wird der Zugriffscode in Register *AL* wie folgt berücksichtigt:

Bits:	2	1	0	Erläuterung
	0	0	0	Lesezugriff
	0	0	1	Schreibzugriff
	0	1	0	Schreib-/Lesezugriff

Bit 3 ist für zukünftige DOS-Versionen reserviert.

Bits:	6	5	4	Erläuterung der Sharing-Modus-Bits
	0	0	0	Kompatibilitätsmodus
	0	0	1	ablehnender Schreib-/Lesemodus
	0	1	0	ablehnender Schreibmodus
	0	1	1	ablehnender Lesemodus
	1	0	0	nicht-ablehnender Modus

Das Vererbungs-Bit bestimmt, ob Unterprozesse eines Hauptprogramms automatisch Zugriff auf die vom Hauptprogramm benutzte Datei erhalten (0) oder nicht (1).

Routine	Funktion	Eingabe	Ausgabe	DOS
62 $3E	Datei schließen	*BX:* Dateinummer	*AX:* Statuscode	2

Die Funktion schließt die Datei und löscht die zugehörigen Dateipuffer.

Routine	Funktion	Eingabe	Ausgabe	DOS
63 $3F	Aus Gerätedatei lesen	*BX:* Dateinummer *CX:* Anzahl der zu lesenden Bytes *DS:DX:* Zeiger auf DTA-Puffer	*AX:* Anzahl der gelesenen Bytes oder Statuscode	2

Es werden so viele Bytes aus der durch die Dateinummer spezifizierten Datei bzw. dem Gerät, das sich wie eine Datei behandeln läßt, in den DAT-Puffer (Disk Transfer Area) gelesen, wie in Register *CX* festgelegt sind.

Routine	Funktion	Eingabe	Ausgabe	DOS
64 $40	In Gerätedatei schreiben	*BX:* Dateinummer *CX:* Anzahl der zu schreibenden Bytes *DS:DX:* Zeiger auf ASCIIZ-String	*AX:* Anzahl der geschriebenen Bytes oder Statuscode	2

Routine	Funktion	Eingabe	Ausgabe	DOS

Es werden so viele Bytes aus dem DTA-Puffer (Disk Transfer Area) in die durch die Dateinummer spezifizierte Datei bzw. das Gerät, das sich wie eine Datei behandeln läßt, geschrieben, wie in Register *CX* festgelegt sind.

Routine	Funktion	Eingabe	Ausgabe	DOS
65 $41	Datei löschen	*DS:DX:* Zeiger auf ASCIIZ-String	*AX:* Statuscode	2

Die durch den ASCIIZ-String spezifizierte Datei (einschließlich Pfadnamen) wird gelöscht.

Routine	Funktion	Eingabe	Ausgabe	DOS
66 $42	Dateizeiger bewegen	*AL:* Ausgangscode *CX:DX:* Offset-Wert	*DS:AX:* neue Zeigerposition (wenn CF = 1) *AX:* Statuscode wenn CF = 1	2

Die Funktion setzt den logischen Dateizeiger ausgehend von der in AL festgelegten Ausgangsposition um den im Registerpaar *CX:DX* spezifizierten Offset. Für die Ausgangsposition gilt:

AL	Ausgangsposition ist ...
0	der Dateianfang
1	die aktuelle Position des Dateizeigers
2	das Dateiende

Der Offset in bytes wird als vorzeichenlose 32-bit-Ganzzahl mit *DX* als LSB und *CX* als MSB spezifiziert.

Routine	Funktion	Eingabe	Ausgabe	DOS
67 $43	Dateiatrribute festlegen oder abfragen (CHMOD)	*AL:* 0: abfragen; 1: festlegen *CX:* Attribute *DS:DX:* Zeiger auf ASCIIZ-String	*AX:* Statuscode *CX:* Attribute	2

Die Attribute der durch den ASCIIZ-String spezifizierten Datei werden gemeldet bzw. verändert. Die Dateiattribute sind in *CX* wie folgt kodiert (die Bits 6 und 7 sind unbenutzt):

Bit ... gesetzt	Erläuterung
0	Nur lesen (read only)
1	Unsichtbar (hidden)
2	System (system)
3	Datenträgerkennsatz (volume label)
4	Unterverzeichnis (subdirectory)
5	Archiv (archive)

Routine	Funktion	Eingabe	Ausgabe	DOS
68 $44	Ein-/Ausgabesteuerung für Geräte (IOCTL)	*AL:* Unterfunktionscode *BX:* Laufwerknummer *CX:* Anzahl der zu lesenden	*AX:* CF = 0: Anzahl gelesener oder geschriebener Bytes; CF = 1: Statuscode	2

Routine	Funktion	Eingabe	Ausgabe	DOS
		oder zu schreibenden Bytes bzw. Zeitintervall	*DX:* Geräte-informationen	
		DX: Anzahl der Dateizugriffe bzw.		
		DS:DX: Zeiger auf Datenpuffer		

Die Routine fungiert als „Sprungverteiler" für eine Reihe von Ein- und Ausgabefunktionen. Die Auswahl der Unterfunktionen geschieht in Register *AL:*

Unterfunktions-code	Erläuterung
0	Gerätedaten abfragen (siehe folgende Tabelle)
1	Gerätedaten festlegen (siehe folgende Tabelle)
2	Daten in eine Gerätedatei schreiben
3	Daten aus einer Gerätedatei lesen
4	Daten aus einer Laufwerkdatei lesen
5	Daten in eine Laufwerkdatei schreiben
6	Eingabestatus abfragen (*AX:* 255: bereit; 0: nicht bereit)
7	Ausgabestatus abfragen (wie Code 6)
8	Test auf Austauschbarkeit des Datenträgers (*AX:* 0: austauschbar; 1: nicht austauschbar)
11	Anzahl der Zugriffe beim Datei-Sharing, bevor ein Fehler gemeldet wird (Anzahl in *DX*, Zeitintervall zwischen den Versuchen durch Zähler in *DX*)

Die Unterfunktionen 8 und 11 sind erst ab DOS 3.00 verfügbar.

Die bei den Unterfunktionen 0 und 1 gemeldeten Geräteinformationen sind in Register *DX* wie folgt kodiert:

Bit ... gesetzt	Erläuterung
0	Standardkonsoleneingabe
1	Standardkonsolenausgabe
2	Gerät ohne Ein- oder Ausgabe
3	Uhr
4	Spezialgerät
5	Steuerzeichen werden: 0: interpretiert; 1: nicht interpretiert
6	0: Laufwerkdatei; 1: Gerätedatei
14	Während des Lesens/Schreibens können Steuerzeichen interpretiert werden

Die Bits 7 bis 13 und 15 sind für zukünftige DOS-Versionen reserviert.

Die Unterfunktionen 2 bis 5 arbeiten nur mit Geräten bzw. Laufwerken, die Steuerzeichen interpretieren. *DS:DX* muß beim Aufruf einen Zeiger auf den Bereich enthalten, aus dem Daten geschrieben bzw. in den Daten gelesen werden sollen.

Routine	Funktion	Eingabe	Ausgabe	DOS
69 $45	Dateinummer duplizieren (DUP)	*BX:* Dateinummer	*AX:* Dateinummer oder Status-code	2

Routine	Funktion	Eingabe	Ausgabe	DOS

Für eine Datei wird eine zweite Dateinummer angelegt. Operationen, die mit einer der beiden Nummern durchgeführt werden, wirken auf auf die zweite.

Routine	Funktion	Eingabe	Ausgabe	DOS
70 $46	Dateinummern-duplizierung erzwingen (CDUP)	*BX:* erste Dateinummer *CX:* zweite Dateinummer	*AX:* Statuscode *CX:* Dateinummer	2

Die Routine verknüpft ähnlich wie Funktion 69 ($45) für eine Datei zwei Dateinummern miteinander. Die zweite Dateinummer wird bei Funktion 70 ($46) aber nicht von DOS angelegt, sondern muß in *CX* spezifiziert werden.

Routine	Funktion	Eingabe	Ausgabe	DOS
71 $47	Aktuelles Verzeichnis melden	*DL:* Laufwerknummer *DS:SI:* Zeiger auf Datenbereich	*AX:* Statuscode wenn CF = 1 *DS:SI:* Pfadname wenn CF = 0	2

Die Funktion liefert den Pfadnamen des aktuellen Verzeichnisses in dem durch das Registerpaar *DS:SI* festgelegten Speicherbereich (maximal 64 Bytes). Laufwerkbuchstabe, Doppelpunkt und erster Schrägstrich (Beispiel: C:\) werden nicht übertragen. Die Laufwerknumerierung: 0 entspricht dem Standardlaufwerk, 1 Laufwerk A, 2 Laufwerk B usw.

Routine	Funktion	Eingabe	Ausgabe	DOS
72 $48	Speicherbereich belegen	*BX:* Anzahl der benötigten Speichersegmente (in 16-bit-Einheiten)	*AX:* CF = 0: Segmentadresse; CF = 1; Statuscode *BX:* Umfang des längsten zusammenhängenden Speicherblocks	2

Die Funktion entzieht DOS die Kontrolle über einen Teil des Hauptspeichers, dessen Umfang in *BX* festgelegt wird.

Routine	Funktion	Eingabe	Ausgabe	DOS
73 $49	Speicherbereich freigeben	*ES:* Segmentadresse des freizugebenden Speicherbereichs	*AX:* Statuscode	2

Die Routine gibt einen mit Funktion 72 ($48) belegten Speicherblock wieder an DOS zurück. Die Segmentadresse in *ES* entspricht dem bei der Belegung in *AX* gemeldeten Wert.

Routine	Funktion	Eingabe	Ausgabe	DOS
74 $4A	Umfang des belegten Speicherbereichs ändern (SET BLOCK)	*ES:* Segmentadresse des zu ändernden Speicherbereichs *BX:* Neuer Speicherblockumfang in Segmenten (16-bit-Einheiten)	*AX:* Statuscode *BX:* Maximalumfang in Segmenten	2

Die Routine verändert die Größe eines mit Funktion 72 ($48) belegten Speicherblocks. Die Segmentadresse in *ES* entspricht dem bei der Belegung in *AX* gemeldeten Wert.

Routine	Funktion	Eingabe	Ausgabe	DOS
75 $4B	Programm laden und ausführen (EXEC)	*AL:* Unterfunktionscode *DS:DX:* Zeiger auf ASCIIZ-String *ES:BX:* Zeiger auf Kontrollblock	*AX:* Statuscode	2

Mit der EXEC-Funktion kann ein Programm ein Unterprogramm laden und zur Ausführung bringen. *DS:DX* muß einen Zeiger auf einen ASCIIZ-String enthalten, in dem der Pfadname der zu ladenden Datei abgelegt ist. Der Unterfunktionscode in Register *AL* hat folgende Bedeutung:

0: Programm laden und nach Anlage des PSP ausführen
1: Programm laden (ohne PSP-Anlage und Ausführung)

Vor dem Laden eines Programms sollte mit Funktion 74 ($4A) geprüft werden, ob genügend Speicherplatz vorhanden ist.

Bei AL gleich 0 zeigt *ES:BX* auf einen Kontrollblock mit 14 Bytes, die folgende Informationen enthält:

Ab Byte ...	Erläuterung
0	Segmentadresse des Umgebungsstrings
2	Segmentierter Zeiger auf Kommandozeile
6	Segmentierter Zeiger auf ersten Standard-FCB
10	Segmentierter Zeiger auf zweiten Standard-FCB

Bei AL gleich 1 zeigt *ES:BX* auf einen vier Bytes langen Block:

Ab Byte ...	Erläuterung
0	Segmentadresse, ab der zu laden ist
2	Verschiebungsfaktor für relokatible Programme

Routine	Funktion	Eingabe	Ausgabe	DOS
76 $4C	Erweitertes Programm beenden	*AL:* Rückgabecode		2

Es werden alle mit den Funktionen 60 ($3C) und 61 ($3D) geöffneten Dateien geschlossen. Anschließend wird das laufende Programm beendet und übergibt einen Statuscode in Register *AL*.

Routine	Funktion	Eingabe	Ausgabe	DOS
77 $4D	Statuscode des Unterprogramms melden		*AX:* Statuscode	2

Die Funktion meldet den Statuscode des Programms, das als Unterprogramm aufgerufen und mit Funktion 76 ($4C) gestoppt wird. Folgende Statuswerte können in Register *AH* stehen:

Routine	Funktion	Eingabe	Ausgabe	DOS

0: normale Programmbeendigung
1: Programmabbruch durch Ctrl-Break
2: nicht behebbarer Gerätefehler (Programmabbruch)
3: Funktion 49 ($32) wurde aufgerufen (Beenden und verbleiben)

Routine	Funktion	Eingabe	Ausgabe	DOS
78 $4E	Dateisuche beginnen	*CX:* Such-attribut *DS:DX:* Zeiger auf ASCIIZ-String	*AX:* Statuscode	2

Die Routine sucht nach der Datei, auf dessen Pfad- und Dateinamen der Zeiger in *DS:DX* verweist. Im Dateinamen dürfen die Dateigruppenzeichen * und ? verwendet werden. Die Dateiattribute können in Register *CL* spezifiziert werden. Beim Auffinden einer Datei legt DOS einen Block mit 43 Bytes im Diskettentransferbereich (DTA) an:

Ab Byte ...	Erläuterung
0	Informationen für die Suche nach der nächsten passenden Datei (Funktion 79/$4F)
21	Attribute der gefundenen Datei
22	Zeitangabe
24	Datumsangabe
26	Dateilänge in Bytes
30	Dateinamen mit Namenerweiterung (ASCIIZ-String)

Routine	Funktion	Eingabe	Ausgabe	DOS
79 $4F	Dateisuche fortsetzen	*DS:DX:* Zeiger auf die durch Funktion 78 ($4E) gelieferten Informationen	*AX:* Statuscode	2

Die mit Funktion 78 ($4E) gestartete Dateisuche wird anhand der Informationen, die im Diskettentransferbereich (DTA) stehen, fortgesetzt.

Routine	Funktion	Eingabe	Ausgabe	DOS
84 $54	Verifikations-status feststellen		*AL:* Verifikations-status: 0: inaktiv; 1: aktiv	2

Es wird in Register AL gemeldet, ob die auf Diskette geschriebenen Daten automatisch verifiziert werden. Die Festlegung des Modus erfolgt mit Funktion 46 ($2E).

Routine	Funktion	Eingabe	Ausgabe	DOS
86 $56	Datei umbenennen	*DS:DX:* Zeiger auf alten Namen (ASCIIZ-String) *ES:DI:* Zeiger auf neuen Namen (ASCIIZ-String)	*AX:* Erweiterter Statuscode	2

Es läßt sich der Name einer Datei ändern (wie mit dem DOS-Kommando RENAME). Die Laufwerksangaben des alten und neuen Namens müssen identisch sein. Die Verwendung der Dateigruppenzeichen * und ? ist nicht erlaubt. Die Funktion erlaubt das Verlegen eines Dateieintrages von einem Verzeichnis in ein anderes, ohne daß gleichzeitig die Datei verlegt wird.

87 $57	Datum und Zeit für Datei ein- stellen oder lesen	$AL:$ 0: lesen 1: stellen $BX:$ Dateinummer Bei AL = 1: $CX:$ Zeit $DX:$ Datum	$AX:$ Erweiterter Statuscode Bei AL = 0: $CX:$ Zeit $DX:$ Datum	2

Mit der Funktion können die Datum- und Zeitangaben einer Datei eingesehen und verändert werden. Die Kodierung von Datum und Zeit ist wie folgt:

CX = Stunde * 2048 + Minute * 32 + Sekunde / 2
DX = (Jahr − 1980) * 512 + Monat * 32 + Tag

89 $59	Erweiterten Status- code melden	$BX:$ 0	$AX:$ Erweiterter Statuscode $BH:$ Fehlerartcode $BL:$ Fortführungs- code $CH:$ Fehlerlokali- sierungscode	3

Ab DOS Version 3 steht die Funktion 89 ($59) mit erweiterten Fehlermeldungen in den Registern AX, BH, BL und CH zur Verfügung.

Code in AH	Erläuterung (Status)
1	ungültige Funktionsnummer
2	Datei nicht gefunden
3	Pfad nicht gefunden
4	keine Dateinummer verfügbar
5	Zugriff unmöglich
6	ungültige Dateinummer
7	ungültige Speicherkontrollblöcke
8	nicht genügend Speicherplatz
9	ungültige Speicherblockadresse
10	ungültige Umgebungsstrings für SET
11	ungültiges Format
12	ungültiger Dateizugriffscode
13	ungültige Daten
14	reserviert
15	ungültige Laufwerkangabe
16	das aktuelle Verzeichnis kann nicht gelöscht werden
17	andere Einheit
18	keine weiteren Daten vorhanden
19	Datenträger ist schreibgeschützt
20	unbekannte Einheitenangabe

Code in *AH*	Erläuterung (Status)
21	Laufwerk nicht bereit
22	ungültiges Kommando
23	Laufwerkdatenfehler
24	falsche Strukturlänge
25	Laufwerksuchfehler
26	unbekannter Datenträger
27	Sektor nicht auffindbar
28	Drucker fehlt Papier
29	Schreibfehler
30	Lesefehler
31	allgemeiner Fehler
32	Datei-Sharing-Fehler
33	Datei-Locking-Fehler
34	unzulässiger Diskettenwechsel
35	kein Dateikontrollblock (FCB) vorhanden
80	Datei existiert bereits
81	reserviert
82	nicht durchführbar
83	Problem bei Interruptbearbeitung eines kritischen Fehlers

Code in *BH*	Erläuterung (Fehlerart)
1	Knappheit der Ressourcen
2	vorübergehende Situation, Wiederholung könnte erfolgreich sein
3	Autorisierung fehlt
4	interner Betriebssystemfehler
5	Hardwareausfall
6	Fehler in der Systemsoftware
7	Fehler in der Anwendungssoftware
8	Suche war erfolglos
9	falsches Format
10	gesperrt (Zugriff unmöglich)
11	Datenträgerfehler
12	bereits existent
13	unbekannte Fehlerart

Code in *BL*	Erläuterung (Fortführungscode)
1	sofort nochmals versuchen
2	nach Wartezeit nochmals versuchen
3	Bediener muß eingreifen
4	Programmablauf korrekt beenden
5	Programmablauf sofort stoppen
6	Fehler nicht berücksichtigen, weiterarbeiten
7	nach Bedienereingriff nochmals versuchen

Code in *CH*	Erläuterung (Fehlerlokalisierungscode)
1	Ort des Fehlers unbekannt
2	Fehler bei blockorientierter Einheit
3	reserviert
4	Fehler bei seriell arbeitender Einheit
5	Fehler im Hauptspeicher (RAM)

Routine	Funktion	Eingabe	Ausgabe	DOS
90 $5A	Temporäre Datei anlegen	*CX:* Dateiattribut *DS:DX:* Zeiger auf Dateipfadnamen	*AX:* Statuscode bei CF = 1 *DS:DX:* Pfadname bei CF = 1	3

Die Funktion legt eine neue Datei an, wobei der Dateiname von DOS bestimmt wird. Der Begriff temporär ist insofern irreführend, als die Datei so fest im Verzeichnis steht wie jede andere Datei. Er ist anwendungsseitig dennoch gerechtfertigt, da die Routine nur zur Anlage von Dateien verwendet werden sollte, die nur zeitweilig während des Programmlaufs benötigt werden.

Der Pfadname muß mit einem Schrägstrich (/) oder umgekehrten Schrägstrich (\) enden, so daß der Dateiname von DOS unmittelbar angehängt werden kann. Für den Dateinamen werden 12 Bytes benötigt.

Routine	Funktion	Eingabe	Ausgabe	DOS
91 $5B	Neue Datei anlegen	*CX:* Dateiattribut *DS:DX:* Zeiger auf Dateipfadnamen	*AX:* Dateinummer oder Statuscode	3

Die Funktion dient zum Anlegen einer neuen Datei. Existiert bereits eine Datei des angegebenen Namens, kommt es zu einer Fehlermeldung (im Unterschied zu Funktion 60/$3C).

Routine	Funktion	Eingabe	Ausgabe	DOS
92 $5C	Dateizugriff sperren oder freigeben	*AL:* 0: sperren 1: freigeben *BX:* Dateinummer *CX:DX:* Offset *SI:DI:* Anzahl der Bytes	*AX:* Statuscode	3

Die Funktion wird in Datei-Sharing-Umgebungen zur Sperrung und Freigabe von Dateien oder Teilen davon benötigt. Es werden ab der durch *CX:DX* spezifizierten Byte-Position (gezählt vom Dateianfang) so viele Bytes angesprochen, wie in *SI:DI* spezifiziert sind.

Routine	Funktion	Eingabe	Ausgabe	DOS
98 $62	Adresse des Programmsegmentpräfix (PSP) feststellen		*BX:* Segmentadresse des PSP	3

Die Adresse des Programmsegmentpräfix (PSP) wird in Register *BX* gemeldet.

Tastatur

Arbeitsweise der Tastatur

Die Tastatur enthält ein Controller-IC (8048 bei PC/XT und 8042 beim AT), das im wesentlichen zwei Aufgaben zu erfüllen hat: die Abfrage der Tastatur mit der Weiterleitung von Statusänderungen (durch Tastenbetätigungen) und die Pufferung von Tastenanschlägen. Beim Niederdrücken oder Loslassen einer Taste sendet der Controller eine Meldung an das ROM-BIOS, aus der die Art der Tastenbetätigung (Anschlagen oder Loslassen) und die betroffene Taste hervorgehen. Wird eine Taste länger als eine halbe Sekunde niedergehalten, sorgt der Controller für die wiederholte Weitergabe der BIOS-Meldung in festgelegten Zeitabständen (Tastenwiederhol- oder Repeat-Funktion). Der Controller besitzt einen Puffer für bis zu 20 Tastaturstatusänderungen, der belegt wird, falls die dem BIOS übermittelten Informationen vom PC nicht sofort gelesen werden können.

Auswahl- oder Scancode

Die beim Betätigen oder Loslassen einer Taste erzeugte Meldung besteht aus einem Scancode oder Tastaturauswahlcode. Für jede Taste gibt es zwei Auswahlcodes: einen für das Niederdrücken und einen um 128 höhere Code für das Loslassen der Taste. Ein Beispiel: Bei der Betätigung der Taste "X" wird der Code 42 gemeldet, beim Loslassen der Taste der Code 170 (42 plus 128).

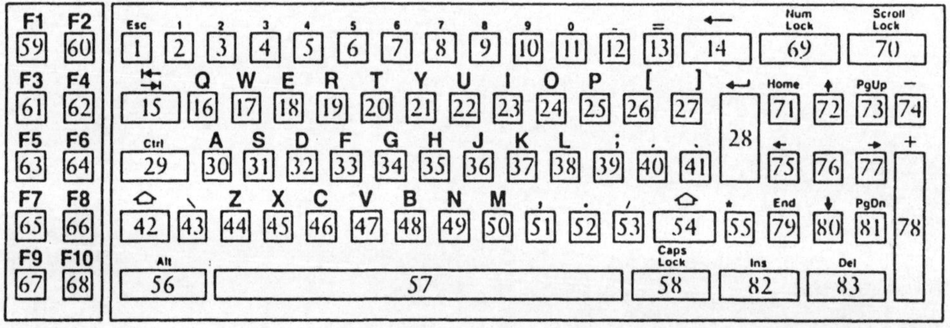

Tastaturcode

Bei einer Veränderung des Tastaturstatus (Betätigen oder Loslassen einer Taste) wird Interrupt 9 aufgerufen, der den 1-byte-Scancode aus Port 96 ausliest und in einen 2-byte-Tastaturcode (mit Haupt- und Hilfsbyte) umwandelt. Die konvertierten Codes werden in einem Tastaturpuffer ab Speicheradresse $41E abgelegt, wobei das Hauptbyte unter der niederen und das Hilfsbyte unter der höheren Adresse zu stehen kommt (LSB: Hauptbyte; MSB: Hilfsbyte).

In den Speicherzellen $41A und $41B befindet sich ein Zeiger auf den Beginn des BIOS-Tastaturpuffers ($41E), in $41C und $41D steht ein Zeiger auf die Adresse des jeweils letzten gültigen Byte des Puffers.

ASCII-Zeichen

Bei ASCII-Zeichen mit Codes zwischen 1 und 255 enthält das Hauptbyte den ASCII-Wert und das Hilfsbyte den Scancode. Das Hilfsbyte kann in diesem Fall zur Unterscheidung von Tasten mit gleicher Funktion dienen (zum Beispiel rechte und linke Umschalttaste).

Beispiel: Umschalt-U (Shift-U) erzeugt den Großbuchstaben U mit dem ASCII-Wert 85 ($55) im Hauptbyte und dem Scancode 42 (linke Umschalttaste) bzw. 54 (rechte Umschalttaste).

Eine Tabelle der ASCII-Zeichen befindet sich im Anhang.

Sonderzeichen

Bei Betätigung einer Sondertaste (beispielsweise F1 oder Ctrl-C) enthält das Hauptbyte den Wert 0 (daher kann das ASCII-Zeichen 0 nicht als 0 kodiert werden, sondern wird als 3 im Hilfsbyte dargestellt) und aus dem Hilfsbyte geht hervor, um welche Taste bzw. Tastenkombination es sich handelt.

In Tabelle T2 ist die Kodierung der Sondertasten im Hilfsbyte dargestellt (Hauptbyte gleich 0).

Hilfs-Byte-Wert (dez)	Tastenanschlag bzw. Tastaturanschläge	Hilfs-Byte-Wert (dez)	Tastenanschlag bzw. Tastaturanschläge	Hilfs-Byte-Wert (dez)	Tastenanschlag bzw. Tastaturanschläge
59	F1	101	Ctrl-F8	18	Alt-E
60	F2	102	Ctrl-F9	19	Alt-R
61	F3	103	Ctrl-F10	20	Alt-T
62	F4	104	Alt-F1	21	Alt-Y
63	F5	105	Alt-F2	22	Alt-U
64	F6	106	Alt-F3	23	Alt-I
65	F7	107	Alt-F4	24	Alt-O
66	F8	108	Alt-F5	25	Alt-P
67	F9	109	Alt-F6	30	Alt-A
68	F10	110	Alt-F7	31	Alt-S
84	Shift-F1	111	Alt-F8	32	Alt-D
85	Shift-F2	112	Alt-F9	33	Alt-F
86	Shift-F3	113	Alt-F10	34	Alt-G
87	Shift-F4	120	Alt-1	35	Alt-H
88	Shift-F5	121	Alt-2	36	Alt-J
89	Shift-F6	122	Alt-3	37	Alt-K
90	Shift-F7	123	Alt-4	38	Alt-L
91	Shift-F8	124	Alt-5	44	Alt-Z
92	Shift-F9	125	Alt-6	45	Alt-X
93	Shift-F10	126	Alt-7	46	Alt-C
94	Ctrl-F1	127	Alt-8	47	Alt-V
95	Ctrl-F2	128	Alt-9	48	Alt-B
96	Ctrl-F3	129	Alt-0	49	Alt-N
97	Ctrl-F4	130	Alt-Bindestrich	50	Alt-M
98	Ctrl-F5	131	Alt-=	3	Soll CHR$(0) sein
99	Ctrl-F6	16	Alt-Q		(siehe Text)
100	Ctrl-F7	17	Alt-W		

Hilfs-Byte-Wert (dez)	Tastenanschlag bzw. Tastaturanschläge	Hilfs-Byte-Wert (dez)	Tastenanschlag bzw. Tastaturanschläge	Hilfs-Byte-Wert (dez)	Tastenanschlag bzw. Tastaturanschläge
15	Shift-Tab	79	End	116	Ctrl-Pfeil nach rechts
71	Home	80	Pfeil nach unten		
72	Pfeil nach oben	81	PgDn	117	Ctrl-End
73	PgUp	82	Ins	118	Ctrl-PgDn
		83	Del	119	Ctrl-Home
75	Pfeil nach links				
		114	Echo (Ctrl-PrtSc)	132	Ctrl-PgUp
77	Pfeil nach rechts	115	Ctrl-Pfeil nach links		

Festumschalttasten

In den Speicherzellen $417 und $418 werden die Statusumschaltungen der Tastatur fest-gehalten: die Lock-Festsetzungen (Caps Lock, Num Lock und Scroll Lock) sowie die Ctrl-, Alt- und Shift-Umschaltungen. Die Codierungen sind den beiden folgenden Tabellen zu entnehmen.

Bit ... gesetzt	Erläuterung (Speicherstelle $417)
0	Rechte Shifttaste niedergehalten
1	Linke Shifttaste niedergehalten
2	Ctrl-Taste niedergehalten
3	Alt-Taste niedergehalten
4	Scroll Lock eingeschaltet
5	Num Lock eingeschaltet
6	Caps Lock eingeschaltet
7	Einfügemodus (Ins) eingeschaltet

Bit ... gesetzt	Erläuterung (Speicherstelle $418)
0, 1 und 2	Unbenutzt
3	Ctrl-Num Lock (Haltestatus) aktiv
4	Scroll Lock niedergehalten
5	Num Lock niedergehalten
6	Caps Lock niedergehalten
7	Ins niedergehalten

Zur Klarstellung: „niederhalten" bedeutet, daß die betreffende Taste zum Zeitpunkt der Abfrage gedrückt wird, „eingeschaltet", daß der betreffende Modus aktiv ist.

Stichwortverzeichnis